歐洲蜜月行旅
HONEYMOON
IN EUROPE

凱特文化 愛旅行 53

歐洲蜜月行旅　記憶永存的
50座愛情城市
HONEYMOON IN EUROPE

作者／攝影　費國賓 KEVIN FEI

發行人　陳韋竹 **| 總編輯**　嚴玉鳳 **| 主編**　董秉哲

責任編輯　董秉哲 **| 封面設計**　張雅婷 **| 版面構成**　張雅婷

製作協力　張鈺琦、張怡寧、洪源鴻 **| 行銷企畫**　許雅婷、李宸謙

感謝　行健旅遊 UNO TOUR | 安哥旅遊 | sina 新浪台灣 sina.com.tw

印刷　通南彩色印刷有限公司 | 法律顧問　志律法律事務所 吳志勇律師

出版　凱特文化創意股份有限公司
地址　新北市 236 土城區明德路二段 149 號 2 樓 | 電話　（02）2263-3878 | 傳真　（02）2263-3845
劃撥帳號　50026207 凱特文化創意股份有限公司
讀者信箱　service.kate@gmail.com | 凱特文化部落格　http://blog.pixnet.net/katebook
營利事業名稱　聯合發行股份有限公司 | 負責人　陳日陞
地址　新北市 231 新店區寶橋路 235 巷 6 弄 6 號 2 樓 | 電話　（02）2917-8022 | 傳真　（02）2915-6275

初版　2011 年 12 月 | ISBN　978-986-6175-53-4 | 定價　新台幣 350 元

PREFACE

　　終於有機會落地啦！這種感覺真好！從事旅遊工作廿多年，從亞洲到美洲、從美洲到非洲、再從非洲到歐洲，放眼世界所見所聞，都與我們居住的台灣，有著許多不一樣的地方與文化。不論是落後的或現代的，不論是泱泱大國或是蠻荒小國，所表現出來的又是另類的感受，有些深具人文歷史風華，有些充滿浪漫休閒氣氛，個個都展現截然不同的魅力。這些地方讓你印象深刻、難以忘懷，有些地方會讓你流連忘返，甚至有想要一生定居落腳的感覺，有些還會讓你手舞足蹈而內心充滿悸動，甚至莫名其妙的感動，對大多數的朋友來說，這應該是一種幸福。

希望透過文字的敘述及我所拍攝的照片，將這些腦海中的美麗景象，完整地呈現在字裡行間，期盼能藉由這本書，讓所有讀者，或是無法和我一同前往感受的朋友，一起分享我當下的感覺，我想那將會是一件很棒的事！

因此，我針對最熟悉的歐洲國家與旅遊地，挑選了 50 座適合蜜月旅行的城市，有些可能是不為人知的私房點，一般人甚至可能連在哪都不清楚？有些則可能知名度相當高，有宏偉的建築、美麗的教堂，甚至有豐富的人文色彩，與你的最愛一起來個浪漫的婚姻之旅，將會是一輩子永生難忘的回憶！

特別是在歐洲的山野鄉間、純樸農村，即便一個平凡的鄉鎮小城，同樣會讓你在目睹的瞬間感到無限驚艷，那種美不是大城市的美，然而超塵脫俗的氣質卻讓人屏息，解放生活中所有的壓力，讓你有一種釋懷的感覺……很多時候，那並非言語或文字所能形容的，必須加上我眼睛所看到的一切，因此我用相機捕捉那一剎那的美感，一張照片勝過千言萬語，真實的影像、具體的呈現，讓這本書的讀者，一樣可以能夠身歷其境，擁有這份感動。

閒坐在市中心廣場咖啡座旁，或是山丘上一片綠茵草原，用不一樣的心情，用自己的看法，去揣摩、去探索，你會發現原來這些不知名的小鎮，正符合你的需求，甚至是內心世界渴望已久的旅遊夢土。所以下次旅遊時，不妨跟 KEVIN 一起去尋找書中提及的景點，給自己一個感受，圓自己的一個夢，或許，這就是內心中旅遊的真正定義吧！

KEVIN FEI

Contents

英國
{ UNITED
KINGDOM }

| 牛津 · 劍橋 · 溫莎 · 倫敦 · 巴斯 · 溫特米爾湖區

語　　言｜英語
氣　　候｜英國國土絕大部分位於北緯 50°～ 60°之
　　　　　間，受島國位置、西風環流、北大西洋暖流
　　　　　等因素影響，屬冬暖夏涼、全年濕潤的溫帶
　　　　　海洋性氣候。
貨　　幣｜英鎊
簽　　證｜免簽
時　　區｜台灣時刻－ 8（3 ～ 10 月為－ 7）
電　　力｜230V，50z，三腳扁插頭及插座
國 際 區 碼｜44

愛與魔法的起源
牛津 Oxford

在此處停留

濃厚的學術風加上充滿歷史感的建築,來到牛津,彷彿將記憶重新帶回學生時代純純的愛,可以與情人手牽手到街上的書店逛逛,洋溢古樸風情的書店就隱身在小巷弄中,還要嚐嚐英式炸魚和BBQ的獨特滋味,來這裡可以和情人一起買件牛津大學的T恤,當作蜜月時的情侶裝,相當浪漫喔!

代表愛、和平與勇氣的哈利波特，

以及大膽逗趣又充滿戲謔感的愛麗絲，

讓牛津的風貌顯得多變而迷人，

讓戀人們逃離塵世一同沉溺在愛的魔法中！

　　牛津，位於倫敦的西北方，對英國人來說，牛津不僅是傳統的代表，更是精神的表徵。在牛津，你可以聽到人們說著一口道地的古早英文，所以來到這兒，彷彿可以感受到英國最根始的傳統和文化。

　　來到牛津，最不能錯過的就是牛津大學城。牛津大學（University of Oxford）是現存最古老的英語系大學，歷史莫約有 900 年之久，各個學院各自獨立，整座牛津大學城洋溢著濃厚的學術氣息。

充滿濃厚書院氣息的大學城區

牛津擁有非常多著名的學院，像是莫頓學院（Merton College）、萬靈學院（All Souls College）等，都是非常有名的學院，其中建於西元 1264 年的莫頓學院是英國最古老的圖書館，而建於西元 1438 年的萬靈學院及西元 1525 年的基督教會學院（Christ Church College）則是現在最有名的地方，因為著名的電影《哈利波特》系列，曾來這裡取景拍攝，像是大家在電影中看到的圖書館，即是牛津大學的波特理安圖書館（Bodleian Library），現在圖書館裡藏書約 500 萬冊，而且不是牛津大學的學生也能入內參觀，所以喜歡哈利波特的你，絕對不能錯過牛津大學的大學城。

記憶永存的50座愛情城市

波特理安圖書館

愛麗絲夢遊仙境的入口

基督教會學院

與愛麗絲一同夢遊仙境

　　此外，有名的基督學院也是必遊之地，它不僅是《哈利波特》拍攝場地，也是舉世聞名的童畫作品《愛麗絲夢遊仙境》（《Alice in Wonderland》）的出處，《愛麗絲夢遊仙境》的作者查爾斯‧路德維希‧道奇森（Charles Lutwidge Dodgson）曾就讀基督教會學院，後來就職於母校教授數學，並且出版許多學術著作。閒暇之餘，他經常陪伴當時學院院長的女兒們遊玩、說故事，而《愛麗絲夢遊仙境》便是在這樣的情境下創造出來的。所以來到這裡，千萬不能錯過「愛麗絲的店」（Alice's shop），位於基督學院對面，販售各種與麗絲故事相關的紀念商品，建築物本身也有莫約 500 年的歷史，相當值得參觀。

牛津街景

根據調查，牛津大學到西元 2006 年為止是培育出最多政治首相的大學，而其中創立於西元 1525 年的基督教會學院，就在近 200 年之內培育了 16 位英國首相，是相當富有文藝與求知氣息的地方。來到基督教會學院，可以參觀它古色古香的大教堂及迴廊，還有聖堂旁邊名為「聖凱薩琳之窗」（St. Catherine's Window）的彩繪玻璃，都是相當美麗的景致。

卡爾法克斯塔

如果想全面欣賞牛津大學建築之美，可以攀登卡爾法克斯塔（Carfax Tower），它是牛津聖馬丁教堂（St. Martin Church）目前僅存的遺跡。登上 72 英呎、99 個階梯後，即可居高臨下眺望牛津各個學院的古典建築。

身為世界知名大學所在地，牛津散發著濃濃的書卷香，加上當地是著名小說《愛麗絲夢遊仙境》的故事發生地，更適合情侶蜜月來此沾染英國風的人文氣息。

關於旅行

如果想要有較長的時間可以遊覽，建議夏天前來，此地約到晚上 8 ～ 9 點才會天黑，春天和秋天多雨，最好隨身準備輕便雨衣。因為氣候變化的緣故，在春秋冬季常常可以看到薄霧，冬天差不多 4 ～ 5 點就天黑了，所以規劃行程時要特別注意。此外，進入大學參觀是需要收費的。

浪漫情懷的演繹
劍橋 Cambridge

在此處停留

劍橋可以說是英國相當重要的地標，尤其非常適合戀人們來此感受徐
志摩文章裡的美景，一起包下小船共遊也相當浪漫有趣。

微風輕輕吹拂著楊柳垂曳的河畔，

早春的暖陽灑臉上，

與戀人一同在坐在小舟上漫遊康河，

在撐篙手軟軟的英國腔調中，

我們的心也都隨著漫起漣漪盪漾。

說到劍橋，大家腦海中浮起的一定是徐志摩的〈再別康橋〉，留給後世對劍橋無限的想像和憧憬，而徐志摩所謂的康橋，是將劍橋轉化為優美的語言，並不是真的有這座橋喔！徐志摩在劍橋旁聽七個月，認識了一生的摯愛——林徽音，從此改變了他的一生，所以讓劍橋感染了一絲浪漫的氣息。

劍橋與牛津，可以說是英國兩大學府，劍橋大學的前身源起於牛津大學在西元 1209 年的暴動，有 3 名學生被吊死，一些學者逃難至劍橋，在當時英王亨利三世（Henry III）佑護下，於西元 1233 年建立，而西元 1286 年則成立了劍橋大學第一個學院——彼得學院（Peterhouse）。劍橋大學約有 800 年歷史，和牛津不同的是以科學和工業聞名，目前共有 31 個學院，除了 3 個學院只收女生外，其他男女皆收。

三一學院

皇后的數學橋，聖約翰的嘆息橋／交織出美麗的劍橋風光

　　劍橋大學的學院有一個有趣的命名方式，如果由皇后建校則稱皇后學院（Queens' College），而聞名的三一學院（Trinity College）則是由主教建校，國王學院（King's College）則由國王建校。來到劍橋，一定要到皇后學院來參觀，這裡有一座牛頓（Newton）建立的數學橋（Mathematical Bridge），當時的牛頓利用力學原理，在沒有使用任何一顆螺絲的狀態下，完成了有名的數學橋，不過後來牛頓的學生認為自己也可以完成，貿然拆除了牛頓教授所建造的數學橋，沒想到後來無法還原，現在大家看到的數學橋雖然原貌和當初相同，不過不僅使用了螺絲與鉚釘，同時也非當時牛頓所建造的橋身了，相當可惜……

　　如果要說到劍橋最美麗的學院，那麼就非聖約翰學院（St John's College）莫屬了，它也是電影《紅色情深》

聖拓翰學院後景

聖約翰學院

（Rouge）的拍攝場地，聖約翰學院裡有一座仿義大利所建立的嘆息橋（Bridge of Sighs），相當美麗，而且門票非常便宜，推薦大家可以前往參考。

如果想要登高遠望，那麼位在劍橋鎮中心、國王學院大門斜對面的聖瑪莉教堂（St. Mary the Virgin）則是值得一來的景點，登上聖瑪莉教堂的鐘樓，可以眺望國王學院及整個城市的風貌。

康河撐篙／感受劍橋的獨特氛圍

在劍橋，一定要來感受一下康河撐篙（Punting）的獨特感受，撐篙原是劍橋學生課後休閒的活動，用一根

歎息橋

長桿控制平底船的行進,其實不難,不過遊船眾多時,新手仍有翻船的可能性,一般遊客可以到 Bridge Street 的碼頭邊乘坐有專人撐篙的遊船,撐篙者多半操著道地英國口音,沿途介紹劍橋康河的歷史美景。蜜月來此的話可以選擇包下一艘船,約 60 ～ 80 英鎊,享受兩人共有的浪漫風情。

　　熱愛文學的情侶檔可以到劍橋來瞻仰徐志摩當年求學時的浪漫軼事,感受康河撐篙的悠閒情懷,想像這段文字上曾經書寫過、如今在你們身上留下印證的愛情故事。

關於旅行

劍橋大學各個學院雖對外開放,但要付費才能入內參觀,為了避免對教職員和學生造成不便,參觀者最好依據學院的參觀路線指示行進。

洋溢皇室祝福的美麗小鎮

溫莎 Windsor

在此處停留

擁有皇室情懷的溫莎，可以在此感受英國皇家的風範，也可以和皇家

衛兵照相，甚至在聖喬治禮拜堂（St. George's chapel）前拍婚紗照，

則會帶有一種皇室婚禮的味道喔！

漫步在洋溢英式風情的古堡中，

感受戴熊皮帽皇家御林軍的雄偉，

品味著只愛美人不愛江山的傳奇，

感染那不畏世俗眼光的熾熱愛戀。

瞻仰英國皇室的優雅風情

　　溫莎古堡（Windsor Castle）與倫敦塔（Tower of London）都是征服王威廉（William the Conqueror）在 11 世紀所建造的重要建築，它不僅是瞻仰英國皇室生活的絕佳場所，也是感受浪漫愛情故事的絕佳場所，一直到今日，溫莎古堡都還是英女王的周末度假之所。

　　溫莎古堡佔地 4,800 英畝，城堡的建物面積大約有 45,000 平方米，之前是木造及泥土的結構，後來經歷了幾任君王不斷地加強防彈之後，改成白堊岩結構。這座城堡不只是英國皇室有人居住過的古堡中，歷史最久而且面積最大的古堡，甚至在西元 2002 年伊莉莎白女皇二世（Elizabeth II）歡度即位五十週年時，城堡管理單位特地設計了一座新穎的紀念花園，成為英國皇室擁有最美麗花園的皇室古堡。由於皇室成員仍經常在此度週末假日或舉行重要國宴，想要參觀古堡必須按照有一定的參觀路線，而且還有嚴格的安全檢查措施喔！

溫莎古堡

古堡分成上中下三部分。最值得參觀的就是於西元
1992 年因大火後重新建造完成的國家套房，是城堡的精
華，內有女皇迎見外賓的謁見廳、滑鐵盧廳、女皇交誼
廳、繪畫藝廊及瑪莉皇后的玩具屋等等，珍藏無數藝術
品！此外，聖喬治禮拜堂更是溫莎城堡的建築經典，它
是西元 1475 年哥德式的建築，裡面有斑斕奪目的彩繪玻
璃，還有 10 位英國王室埋葬於此！特別的是來到溫莎古
堡參觀，可以租用非常詳盡的中文解說導覽，相當方便！

不愛江山愛美人的美麗愛情

溫莎之所以成為情人們瞻仰的重要地點，是因為
英王愛德華八世（Edward VIII）為其所愛的人，毅然放
棄了王位。據說當年愛德華八世邂逅了一位美國有夫之
婦，被她的美貌和高雅的氣質所吸引，也因此而放棄王
位降為溫莎公爵。因為這個著名的史事，也讓溫莎沾染
上了一層浪漫的愛情故事而馳名。

溫莎古堡

　　有名的伊頓學院（Eton College）也是來溫莎時不容錯過的地方，這裡的學生都是英國貴族名人之後，兩位英國王子威廉（Prince William）和哈利（Prince Harry）都曾在此就讀，伊頓學院不收女生，但英女王是唯一的例外，是伊頓唯一一位女性榮譽校友。至今伊頓的學生上課仍要戴著大禮帽、身著長禮服的傳統服裝，相當具有特色。

　　造訪溫莎，溫莎公爵最令世人稱道的「只愛美人不愛江山」的浪漫情懷可能是讓情侶最深刻的蜜月回憶，在此處遙想當年為愛不惜犧牲一切的故事，任何一個戀人都會跟著動容！

關於旅行

要來到溫莎，可以從帕丁頓火車站（Paddington Station）搭往牛津的火車，每半小時一班，到斯勞（Slough）下車後換往溫莎和伊頓的火車即可，約 30 ～ 40 分鐘。亦可在滑鐵盧車站（Waterloo station）直接搭乘火車到溫莎，車程約 50 分鐘左右，每半小時一班。溫莎古堡的參觀票券一張約 15 英鎊，但是一年內均有效，只要提供護照與票券到指定窗口開發證明即可，所以即使一次參觀不完也不用擔心。

英倫風情的絕佳演繹
倫敦 London

在此處停留

充滿英式風情的英國首都——倫敦，除了部分重要地標，像是福爾摩斯酒吧（The Sherlock Holmes）、柯芬園（Covent Garden）等等都充滿英倫氣息，蜜月時一起到酒吧享用特別的甜啤酒與苦啤酒，或是一同觀賞最近興盛的近代歌劇也別有一番情趣。此外別忘了甜蜜的太妃糖、口感豐腴的油脂餅以及高貴典雅的英式下午茶，特別是現在於英國購物只要達30～50英鎊即可辦理退稅，Burberry、Aquascutum、Paul Smith等英國名牌千萬不要錯過！

在 360 度旋轉的倫敦眼中，

我眼中有你，你眼中有我。

美麗的泰晤士河與倫敦就在我們的腳下，

為我們迎接更美好的未來！

盡覽倫敦風情的倫敦眼

英國的首都倫敦，因為長年有霧，所以又稱為「霧都」，是英格蘭中範圍最小，但觀光景點最多且最密集的一區，加上交通發達，自古以來即是英格蘭的首都，觀光客更是全英國最多之地。

倫敦眼（The British Airways London Eye），是絕對不能錯過的景點之一，它是英國為了慶祝千禧年，在泰晤士河南邊建造的觀景摩天輪，也是目前號稱全世界最大的觀景輪，由建築大師馬克思夫婦（David Marks & Julia Barfield）所設計，高達 135 公尺，是倫敦的第 4 高建築物。倫敦眼共有 32 個座艙，每一座艙可以乘坐 25 人，並可在空中作 360 度旋轉，每次約 30 分鐘左右，可以在高空眺望倫敦美景，目前是民營的，一人的費用是 20 英鎊。

倫敦塔橋

倫敦鐵橋塌下來的真實上演

　　倫敦塔橋（Tower Bridge）是一座橫跨泰晤士河
（River Thames）的鐵橋，因位於倫敦塔附近而得名。倫
敦塔橋有時被誤稱為「倫敦橋（London Bridge）」，而
其實真正的倫敦橋是另一座完全不同的橋樑，位於倫
敦塔橋的上游。從滑鐵盧火車站（Waterloo station）
步行約 10 多分鐘，可以到達喚起兒童時光的倫敦塔橋
（Tower Bridge），還記得兒歌「倫敦鐵橋塌下來（London
Bridge Is Falling Down）」嗎？裡面所說的倫敦鐵橋，就
是指這座倫敦塔橋，是當地最經典的地標之一，外觀是
文藝復興式建築，採用先進的鋼骨架構，如果遇到有大
船通過或特殊場合，橋面還會升起喔！

　　當然，大英博物館（British Museum）以及白金漢
宮（Buckingham Palace）也都是著名的地標，尤其是白

西敏寺

禁衛軍交接儀式

金漢宮，只要皇宮正門上方懸掛著皇室的旗幟，表示英國女王正在裡面！目前白金漢宮開放參觀的部分為王座室、音樂廳和國宴廳等等，經常一票難求，所以最好能先預約。當然，最具英國皇室風情的「禁衛軍交接儀式」也不容錯過。身穿深紅與亮黑色制服，帶著熊皮帽的白金漢宮禁衛軍，雄赳赳氣昂昂的樣子真是帥氣到不行。

蜜月來到倫敦，特別能感受到標準的英倫印象，體驗皇家級的旅遊巡禮，近距離觀察英國女王的典雅風範，同時還可以在泰晤士河遊歷英國最鮮明的城市風景，是不能錯過的選擇。

關於旅行

遊倫敦最方便的方式就是搭乘地鐵和巴士，尤其還有可以居高臨下的雙層巴士，是觀賞歐洲景觀非常好的視野之一。白金漢宮的參觀時間為 9：45 ～ 18：00，最後入場時間為 15：45。禁衛軍交接儀式為 5 ～ 7 月每天上午 11：30，其餘時間為隔日舉行；倫敦塔橋每日升起時間也不定，所以要先查詢清楚以免白跑一趟喔。由於倫敦的飯店非常貴，所以住在牛津街以及麗晶街附近是不錯的選擇，在交叉口附近也有很多名品店。

倫敦　　泰晤士河畔景致

濃情蜜意交織的溫泉蜜月之旅

巴斯 Bath

在此處停留

泡溫泉自古以來即是情人約會非常喜愛的活動，而來巴斯泡泡溫泉則更多了一層古老的浪漫與異國的情懷，新婚夫妻來此相信不僅能紓壓放鬆，還能增進彼此的感情。

充滿古樸質感的羅馬浴池，

斑斕奪目的修道院，

巴斯的復古與慵懶情懷，

在你我的心中留下最纏綿的記憶。

與情人共享甜蜜溫泉之旅

　　位於倫敦西北邊的巴斯，是一個超過 2000 年歷史，洋溢著古老氣息的古城，當時是羅馬人重要的溫泉勝地，在 18 世紀時期英王喬治三世（George III）把巴斯大量改建加上新浪漫古典主義式建築設計，使得這個城市更具有特殊的建築風格，目前它是全英國觀光客眾多的地方之一，人數僅次於倫敦，是相當值得一遊的地方。

　　位於地下 6 公尺深的古羅馬時期礦泉大浴池及澡堂，是最著名的旅遊景點，相傳在當時對羅馬人來說，浴場是非常重要的社交場所，不僅代表你的社會地位之外，當時許多人的商業交易、高談闊論的場所或暢聽先知先覺、哲學家及政治家的見解都在這兒發生，所以浴場的建築也可以反映當時的生活景象。所以在羅馬大浴池中，矗立著許多古老的羅馬歷史遺跡，包含當時的蒸汽浴場、熱水浴池、冷水浴池及國王浴池等等，連當時的溫泉湧出口也被發現，目前被當地歸劃為一古羅馬溫泉文化的歷史博物館，供人付費參觀，人氣指數可是數一數二喔！

至於在博物館國王浴池的上方還發現一個幫浦室，以前是為了可以一邊泡湯一邊喝著泉水的休憩地，還有通道可以連接到下方的更衣室，現在則變成了一個可以提供溫泉療養、餐食與午茶的養生館。

宗教氣息與古典奢華建築相互輝映

充滿哥德式的巴斯大教堂（Bath Abbey）也是美麗的景點，位於巴斯市中心，正門前有宏偉的天使雕像，而內部宏偉的彩繪玻璃斑斕奪目，把新約故事耶穌的一生，從誕生、成長、傳教一直到 33 歲被釘在十字架上時的許多故事，都栩栩如生地鑲嵌在 56 塊的彩繪玻璃中呈現在世人眼前。而教堂西面彩繪玻璃的內部也鑲嵌了當初上帝託夢給當時大主教 Oliver King，指示如何建造教堂的故事。在教堂外的廣場上有著許多的街頭藝人表演、露天畫廊及各式各樣特色的小商店，來此走走可以感受到不一樣的異國情懷，可以讓你流連忘返！

皇家新月樓（Royal Crescent）被譽為「英國最高貴的街道」，它是由小約翰‧伍德設計的 18 世紀建築，共

記憶永存的 50 座愛情城市

巴斯大教堂　　　　　　　　　　巴斯街景

使用了 114 根愛奧尼克式大柱的仿希臘式建築，也是巴
斯最為人津津樂道的新浪漫古典主義建築。皇家新月樓
由 30 幢房子連結成完美的半月圓弧形，呈現一種既高貴
又氣派的氛圍，目前除了新月樓一號改為喬治三世博物
館外，其他則改成非常高級的新月彎酒店。在這裡住宿
每晚標準房約為 350 英鎊起跳，價格可是不便宜唷！

　　此外，位於雅芳河（River Avon）上的普蒂尼橋
（Pulteney Bridge）也是相當不錯的景點，它是一座長達
76 公尺的雙層蓋頂橋，獨特的設計引人入勝，跟義大利
佛羅倫斯賣三色金手工著名的維其奧橋非常類似，來到
這裡，可千萬不要錯過美味的莎莉露麵包喔！

　　熱愛泡湯的情侶可以到巴斯來趙溫泉蜜月之旅，一
邊喝著豐富天然礦物質的溫泉水，一邊欣賞近兩千年的
古羅馬遺跡，想像著當時的泡湯文化，相當富有情趣！

關於旅行

由倫敦前往巴斯有火車與巴士可供選擇，搭乘火車約 1 個半小時，班次密集。巴士車程約 3 個半
小時。其中巴斯修道院開放時間每年 4 ～ 10 月的 9：00 ～ 18：00，其餘月份只開放到 16：00，
周日開放時間較短，請先上網查詢。而皇家星月樓的博物館開放時間每年 2 ～ 10 月 10：30 ～
17：00，其餘月份下午到 16：00，週一不開放。

雅芳河 的普蒂尼橋

波特小姐的秘密基地
溫特米爾湖區
Lake Windermere

在此處停留

充滿童話般美景的英國湖區，在蜜月時一同前來，除了國家公園美麗的山光水色之外，《彼得兔》（The Tale of Peter Rabbit）的故事也讓湖區洋溢著一種天真浪漫的氣息，在這湖區的丘頂上拍照，或是躺在草地上追尋彼得兔的蹤跡，都有一種遠離塵世的氛圍。

與心愛的他手牽手，

一起造訪彼得兔的故鄉，

沼澤、草原以及渾然天成的美景，

沉浸在滿是童話氛圍的景致中。

與彼得兔一起愛上湖區

　　溫特米爾湖區位於英格蘭北部西側，擁有全英格蘭
最寬廣的平原、最遼闊的湖泊，以及最狹長的溪谷，湖
區是英格蘭最大的自然保護區，由 16 座湖泊組成，其中
光溫特米爾湖其長度就約 17 公里，而湖區國家公園（Lake
District National Park）更是著名的《彼得兔》的故鄉。

　　被譽為「英格蘭最美麗地區」的湖區國家公園，也
是當地最受歡迎的旅遊區之一，一年四季都有成千上萬
的旅客前來觀賞天然美景。著名的《彼得兔》作者畢翠
絲·波特（Beatrix Potter）與英國浪漫詩人威廉·華滋華
斯（William Wordsworth）都沉醉在湖區的美景之下。

　　說到湖區，絕對不能錯過彼得兔的故事，波特小
姐，西元 1866 年出生於倫敦，從小就展現了高度的繪畫

天份，常以小動物為創作對象，波特在 16 歲的時候與家人第一次到湖區溫德米爾湖畔度假，第一眼就愛上了這裡的湖光山色，從此之後幾乎每年都來這裡度假，最後更長期定居在此。

24 歲時，波特在弟弟鼓舞下畫了六幅小兔班傑明參加聖誕卡片的比賽奪獎，開始展開繪畫的生涯。27 歲時，為了鼓勵當時臥病在床的家庭教師安妮的兒子諾亞，便以床邊故事的方式說了四隻兔子的故事，還畫上動人的圖案，其中一隻就是彼得兔，34 歲要求收回自版著作，後來加上松鼠胡來、刺蝟溫迪琪、青蛙吉先生、母鴉潔帕、小豬柏朗等許多角色。三年後，創下 5 萬本銷售佳績，西元 1905 年就以著書賺到的酬勞買下湖區丘頂的房子，尤其彼得兔的故事一直受到孩童們的喜愛，可以說是全世界最具知名度的故事，接著波特在湖區的丘頂又陸續創作出 10 本童話集，而丘頂自然而然也常成為故事中的場景。

來到湖區，一定要造訪波特小姐位於丘頂的房子，這房子至今仍保有 17 世紀時的農莊風貌，四周都是美麗的花園，春夏之時被花海包圍的小屋真是美不勝收小屋內擺設維持原有樣貌，掛著一幅幅彼得兔的版畫，彷彿是童話中的美景般。

走訪著名的彼得兔故鄉，溫特米爾湖區始終帶有神秘又富童心的魅力，蜜月假期在此度過，除了能夠在湖畔享受微風輕拂的閒適，還可以感受童話美景般的氛圍。

關於旅行

穿越湖區的主要火車業者是維珍火車（Virgin Trains），從倫敦、蘇格蘭、伯明罕、曼徹斯特等地出發都可抵達。而湖區交通便利，搭乘巴士即可四處參觀，有一般巴士和開頂雙層巴士，直接在車上跟司機買票即可，有 1 日、4 日或 7 日通行票。一般湖區巴士的行駛月份集中在 3 月底至 10 月底，7、8 月旺季時有加開班次，尤其是 7～9 月時陽光充足，是非常適合前往湖區旅遊的時候。來此旅行建議可以滿買海陸空的套票，不僅可以參觀波特小姐的家，還包含火車與船的旅程，相當划算。要注意的是，波特小姐的家只在週六～週三開放。

{法國}
{FRANCE}

巴黎・艾日・艾克斯＆亞爾以・亞維儂＆葛伊娘堡・
蒙特米歐爾・安錫・史特拉斯堡・聖艾美濃城

語　　言	法語
氣　　候	法國大部分地區屬於溫帶海洋性氣候，冬溫夏涼，常年有雨。東部和山地屬大陸性氣候，南部屬於地中海氣候
貨　　幣	歐元（EUR）
簽　　證	免簽
時　　區	台灣時刻－7（3～6月為－6）
電　　力	230V，50z；雙圓頭型插頭及插座
國際區碼	33

品嚐悠閒與浪漫的情懷
巴黎 Paris

在此處停留

巴黎，光是電影院就有 400 家、畫廊 320 家、歌劇院 120 家以及 76 座博物館，想要怎麼玩都可以！當然，不要忘了品嚐最有名的五大咖啡區，法國的咖啡文化，在歐洲是出了名的，不管你在香榭里榭大道（Avenue des Champs-Élysées）、左岸或隨便一間露天咖啡店裡，都可以感受法國人的浪漫悠閒與的香醇的咖啡文化。

悠閒的午後，

在塞納河畔輕啜一口法式咖啡，

望著河邊精美的建築與慵懶的旅人，

與情人一同享受這浪漫戀人的城市。

攀上艾菲爾鐵塔，一覽巴黎美景

　　時尚之都巴黎又稱為「花都」，是一個時尚、美容、美髮以及香水產業都相當盛行的地方，亦是全世界藝術的中心，如羅浮宮（Musée du Louvre）、奧塞美術館（Musée d'Orsay）以及龐畢度中心（Centre Georges Pompidou）。

　　說到巴黎，絕對不能不來到塞納河畔，塞納河穿越巴黎把市區分為左岸與右岸兩部分，河上共有 36 座橋樑，其中藝術橋（Passerelle des Arts）是巴黎黑白明信片中最常出現的，它是塞納河畔首座以鑄鐵建造的步道橋。最美的則是亞歷山大三世大橋（ Pont Alexandre III ），長度 107 米，此為慶祝法國與俄羅斯結為軍事同盟，在西元 1896 年所建，兩端鑄有法國的塞納河神及俄國的窩瓦河神雕像。

凱旋門

巴黎聖母院

　　而巴黎地標——艾菲爾鐵塔（Eiffel Tower），是最不能錯過的景點，艾菲爾鐵塔共分 3 層，本來只有 300 公尺高，在西元 1965 年時增設了 1711 階的台階，所以現在的艾菲爾鐵塔高達 320 公尺。爬上艾菲爾鐵塔，可以將巴黎的美景一覽無遺。

　　另外，長度 1.8 公里的香榭里榭大道，那更是情人們必來之地，它不僅是所有知名商店、車坊、秀場及高級飯店之所在外，每年近尾聲時的跨年倒數計時也在這條大道上，最後一刻一到，立刻享受與你的愛人瘋狂而熱情地相擁狂吻，呵！那種滋味可是要身歷其境才能體會的喔！

　　旁邊的凱旋門（Arc de triomphe de l'toile）也是著名地標，它位於 12 條大道的交叉口，拱門上的左右兩座雕刻作品相當知名，分別是魯德（Francois Rude）的《馬賽戰爭進行曲》（La Marseillaise）及考賀多（Cortot）的《維也納和平進行曲》，都是在描述拿破崙（Napoléon I）的偉大事蹟，為了紀念法軍勝利而建立的。

巴黎聖母院內觀

宏偉的教堂／見證神聖愛情

　　法國有四大教堂，分別是亞眠大教堂（Cathédrale Notre-Dame d'Amiens）、漢斯大教堂（Cathedral of Notre-Dame de Reims）、聖母院（Cathédrale Notre Dame de Paris）以及沙特爾教堂（Chartres Cathedral）。其中以巴黎聖母院則最能代表法國的人文氣息，座落於巴黎市中心塞納河中的城市島上，耗時 178 年，於西元 1163～1345 年興建完成。是一座典型的哥德式教堂，外型宏偉，內部儉樸，相當具有特色。西元 1804 年拿破崙加冕稱帝及《鐘樓怪人》（Notre-Dame de Paris）故事都在此發生，尤其是教堂旁邊哥德飛簷的支撐及巨獸的排水孔，更是許多攝影拍照及故事的焦點所在。

　　此外，位於巴黎 8 條主要大道交會處的瑪德蓮廣場（Place de Madeleine）上的瑪德蓮教堂（La Madeleine），希臘風格的神殿，充滿莊嚴肅穆的氣氛，教堂唯一的光線來源來自 3 個小圓頂的自然採光，內部滿是細膩的鍍金裝飾更充滿華麗感。教堂祭臺後方有聖母瑪麗亞升天像，是教堂的參觀重點。

凡爾賽宮

巴黎市政廳

羅浮宮

奧塞美術館

與戀人一同感染文藝氣息

　　蒙馬特（Montmartre）是一個洋溢著文藝氣息的地方，它是文人、藝術家的聚集區，也因此蒙馬特的巷弄間充斥著許許多多特色小餐館、酒館以及咖啡廳。還有來這裡千萬不能錯過《紅磨坊》（Moulin rouge）的康康舞，雖然價格不斐，不過表演相當精采；附近就是著名的紅燈區，是一個愈夜愈美麗的地方。

　　著名的花都巴黎是許多新婚夫妻的蜜月旅行首選地點，它有琳瑯滿目的精品匯集，有豐富的藝術名作，更能讓喜愛看風景、感受異國氣氛的情侶讚嘆不虛此行。

關於旅行

巴黎交通便利，有 15 條地鐵、5 條國鐵以及 51 條公車路線，不過由於市區容易塞車，所以比起公車，地鐵更適合。喜歡到處跑的人不妨買一張巴黎通行證，分為 1～3 區、1～5 區兩種，天數則有 1、2、3、5 天可選擇，在期限內不僅可以無限次搭乘地鐵、RER、巴士、火車等大眾運輸工具，而且參觀景點、搭乘觀光巴士或塞納河遊船都有折扣。此外，法國人不喜歡開空調，而夏季高溫高達 35～38 度，因此春秋兩季是較適合旅遊，而冬季氣溫約在 0～5 度，偏乾燥，需注意保暖。

無限浪漫情懷
艾日 Eze

在此處停留

不論是土黃色的古建築或是迷人的尼采小徑（Chemin de Nietzsche），在這裡可以感受到藍天、白雲、陽光海岸以及夕陽餘暉，彷彿來到童話的迷宮般令人心神嚮往。

感受一年超過 300 天的晴朗溫暖的陽光，

獨特鷲巢絕壁的景致與海天一色的蔚藍奇景，

與戀人同遊尼采的靈感小徑，

彷彿來到如詩般的絕美夢境。

地中海的和煦陽光與碧藍的海岸總是讓戀人們心神嚮往，一年超過 300 天以上都是晴朗如詩般的美景，18 世紀下半以來，就成為許多歐洲較寒冷國家，王宮貴族與商賈大戶們的避冬聖地，甚至連遠在俄羅斯的皇室成員也慕名而來！

蔚藍海岸（Côte d'Azur），因為曾被納入羅馬帝國版圖中，因此許多城市的舊城區還遺留著中世紀的古羅馬遺跡，濱海區的渡假感十足的現代建築和沿著海岸線蜿蜒而上質樸的山城相互映襯，意外交織為一幅協調的美景。許多有名的畫家與藝術家，更是經年累月地駐足於此，留下了許多不朽的作品。

鷲巢的天然景觀與
蔚藍海岸所交織出的絕色美景

　　其中，距離尼斯（Nice）約 40 分鐘車程的艾日古城（Eze Village）是非常適合蜜月的景點。當地人稱此地做「鷲巢村」，故名思義就是老鷹群居住的巢穴，它位於地中海岸 700 公尺的陡峭斜坡上，是相當險峻的岩壁結構，是蔚藍海岸最美麗的小鎮之一。

　　雖然曾經被摩爾人以及薩瓦人占領統治，讓艾日蒙上一層悲傷的色彩，但是今日的艾日則顯得浪漫悠閒許多，尤其是它優美的海岸線與獨特的鷲巢狀天然景觀，更使艾日成為地中海最受歡迎的渡假小鎮之一，很多名人更是被它所吸引，並停留居住相當長的時間。如瑞典王子威廉曾經長達 30 年的時間都住在這裡的艾查城堡（Château Eza）。這城堡一直至西元 1976 年都是瑞典王子避寒的渡假城堡，現在則改為法國最高 4 顆星等級的精品飯店，跟金山羊飯店（Château de la Chèvre d' Or）成為艾日最耀眼的兩顆明珠。

　　壯闊的海景是艾查城堡的一大特色，最棒的是和另一半在飯店裡享用美食，坐在向海延伸的平台上，享受湛藍的海岸的美景、洋溢詩意的金黃陽光與醉人的琥珀色香檳酒，感受這難得的悠閒與浪漫情。尤其推薦它的法式烤龍蝦、西班牙小香腸、炸鯡鯉或垂涎欲滴的法式菲力牛腓及金黃脆皮比目魚，每一樣都是非常適合和情人享用的頂級美食。

異國花園

感受尼采的靈感小徑，
沉浸在文學的氛圍中

　　哲學家尼采也是深深為艾日所著迷，曾經多次造訪此地，並完成《查拉圖士特拉如是說》（(Also sprach Zarathustra)）的第三部。據說尼采特別喜歡在城內外的小徑散步，連續走 5、6 個小時也不覺得累，而艾日古城攀頂的一條小徑，更因此為命名為「尼采小徑」，從這裡可眺望到尼采鍾愛的美麗海景與滿天彩霞。

　　走在艾日舊城彎彎曲曲的小徑中，土黃色的中古建築加上精心設計的小店招牌，成為小鎮上最迷人的風景。像是艾日教堂，它是 18 世紀巴洛克式建築，教堂內部的徽章是一隻浴火重生的鳳凰；而美麗的凱伊洛斯別墅則是希臘式建築，現在是德國法蘭克銀行雷納克私人所擁有；還有蔚藍海岸最美麗的花園別館——羅希德花園（Villa Ephrussi de Rothschild），是由法蘭西與俄羅斯猶太銀行家貝阿提絲女伯爵在 1905 年所建造的夢幻別墅花園。

艾日女神

　　除了羅希德花園，異國花園（Jardin Exotique）也是值得一遊的地方，它原為艾日環型堡壘，是艾日最美的植物花園，到處都是來自美洲、非洲四百多種的植物，各式各樣的仙人掌。此外，這裡也是眺望蔚藍海岸線最佳的俯瞰點，你可以和情人一起站在花園的頂端的平台上，觀賞這花叢間偶爾出現的艾日女神（Lady of Eze）雕塑和那藍到不行的海天一色，配上徐徐微涼的海風，不論是日出或日落時分都相當美麗。

　　來到艾日，除了有兩間法國四星高級飯店（艾查城堡飯店和金山羊城堡飯店），還有一間米其林評鑑二星級的餐廳，也是喜愛美食的你不容錯過的地標。

　　藍天、白雲、海岸線，艾日的標準配備。走訪艾日，讓兩個人的甜蜜回憶多點深刻、實在的感動！就為蜜月假期安排一段享用美食，感官體驗自然美景，心靈感受尼采文藝氣息的知性之旅吧！

關於旅行

艾日一年超過 300 天晴朗的好天氣，四星級飯店雖然擁有絕佳的美景，不過平均一晚的住宿費用約 500～2000 歐元左右，所以想來體驗艾日的浪漫情懷，最好先準備足夠的 Money 喔！

詩意盎然的畫中美景

艾克斯&亞爾以

Aix-En-Provence & Arles

在此處停留

洋溢著不同風情的兩個小城鎮，都深深吸引畫家們的佇足，在這裡可以感受古樸的歷史歲月，
陽光、石板路、梧桐以及泉水，恣意地品味著藝術家們鍾愛的風範。

陽光、古城、石板、梧桐以及泉水，

彷彿畫作中的美景，躍然紙上。

兩個深受畫家喜愛的古樸小城，

一同感受屬於愛的純粹。

躍然紙上的絕美景致／艾克斯

　　艾克斯曾是普羅旺斯（Provence）的首府，地名源自於拉丁文「泉水」之意，又稱「千泉之都」，是一個氣質相當特別的小城，從 12 世紀以來就成為普羅旺斯地區文化、經濟中心，又有普羅旺斯女王之稱，而天才畫家保羅・塞尚（Paul Cézanne），則就是造就艾克斯遠近馳名的最大幫手。

　　艾克斯，是塞尚的故居，這美麗的小鎮，不僅是塞尚的創作靈感來源，更是塞尚最終的避風港，至今仍保留著完整的塞尚生平足跡，像是聖瑪德蓮大教堂曾經是塞尚研習繪畫的藝術學校，現在則改成格瑞涅美術館（Granet Museum），依然收藏著塞尚的部分作品；而美麗的市政廳是塞尚的證婚地，他的老宅則是位於旁邊

的一條巷弄之間，順著小道可以直通米拉波大道（Cours Mirabeau）上有著綠棚子的雙叟咖啡館（Les Deux Garçons），這裡曾是塞尚經常造訪的地方，不妨點一大杯塞尚最喜愛的牛奶咖啡，感受充滿詩意的午後。位於市區北邊的聖沙烏大教堂（Saint Sauveur Cathedral）也是塞尚晚年時經常造訪之地，不妨沿著馬路漫步，還可以眺望到聖維多克山群（Mont Saint-Victoire），在這裡可以感受到滿滿的塞尚氣息。

而艾克斯的米拉波大道上，有許多著名的水泉一直連結到大噴水池廣場，廣場上還豎立著塞尚大師的雕像，而兩旁都種滿了整列的法國梧桐，秋天來臨時隨著季節變化，樹葉都轉變成金黃色或紅色，牽著你心愛的另一半，漫步在充滿詩情畫意的長道上，那是新婚蜜月情侶們超級浪漫的絕美場景，相當適合來感受唷！

亞爾圓形劇場．古羅馬廢墟

洋溢古羅馬風情的小鎮／亞爾以

　　亞爾以，又稱為「亞爾」，位於隆河（Rhône）河畔，從古羅馬時期開始就已經是相當重要的交通要衝；可以看到很多古羅馬的遺跡，而且也有不少被列為聯合國的世界文化遺產，是一個相當珍貴的觀光旅遊區。

　　來到亞爾以，有一座自西元一世紀羅馬時期保留下來的古劇場，當時約可容納兩萬一千人左右，現在被列為世界文化遺產，但是它的完整度是目前古羅馬劇場遺跡中保持最完善的，到現在都還在使用，每年四月至九月的鬥牛比賽是這裡熱鬧的盛會，相當吸引人喔！當然，使亞爾以最出名的，還是以另一位天才畫家——梵谷（Vincent van Gogh）。

　　梵谷在 1888 年受到塞尚的影響搬到亞爾以，也在此完成了《星夜》（The Starry Night）、《梵谷的房間》（Van Gogh's Bedroom in Arles）等作品，這些畫中的場

市政廳　梵谷當年的療養院

亞爾以市景　星空咖啡館

景，現在依然可以在亞爾以看到，還有梵谷紀念館，當
年梵谷被送進治療的精神療養院，隨時都是開放參觀的。
在亞爾以市政廳後方，還有一家星空咖啡館，曾是梵谷
最愛的咖啡廳，而為了紀念梵谷的黃屋，星空咖啡館的
外牆裝潢也都改成了黃色。

　　蜜月旅行要是安排艾克斯與亞爾以，可能另一半會
好奇這兩處有什麼樣的魅力，但只要提到兩地的代表人
物，知名的畫家保羅・塞尚與梵谷，你就該知道安排一
段藝術巡禮是絕對值回票價的選擇。

關於旅行

想前往艾克斯，只要從巴黎搭乘 TGV，耗時 3 小時即可抵達艾克斯。而旅遊普羅旺斯艾克斯等
地，可購買「艾克斯與大艾克斯地區通行證 Visa pour Aix et le pays d'Aix」，售價 2 歐元起。
不僅可以優惠價搭乘交通工具，還可以優惠票價參觀博物館與美術館、專業導覽優惠等。

普羅旺斯的醉人魔法

亞維儂＆葛伊娘堡
Avignon and Gordes

在此處停留

充滿普羅旺斯風情的亞維儂與葛伊娘堡，由於知道的人較少，可以前往度過一個寧靜的假期，由於場景相當優美；相當適合來此處拍婚紗，新婚夫妻可以進入整片薰衣草花田恣意跳躍與迎風而來的薰衣草香氣結合成最浪漫的婚紗場景。

灰白色綿延而上的古老山城，

迎風而來的薰衣草香氣將我們包圍，

在這美得彷彿與世隔絕的小村落，

默默交換屬於我倆的誓言。

充滿寧靜氛圍的中古城鎮／亞維儂

　　亞維儂屬於南法普羅旺斯，位於隆河河畔，自古以來即是一個宗教氣息濃厚的地方，在 14 世紀時教宗來此建立教皇國，共有過七個教皇在此與羅馬教庭分庭抗禮。

　　亞維儂是一座古意盎然的中古城鎮，當地政府為了保護古蹟的續存，像許多歐洲古城一樣實施禁車管制，若小倆口想參觀古城，那可是要培養體力靠雙腳徒步才行喔！不過從 TGV 車站來到亞維儂市中心，只要搭乘接駁巴士就可以來到共和國之門，沿著共和國之門的大道一路直走就可以抵達美麗的市政廳廣場，廣場上林立的餐廳與露天咖啡館給人悠然自得的閒情，正前方充滿巴洛克氣息的市政廳與帶有文藝復興味的歌劇院，互相呈現出古城的人文氣息。

市政廳

　　穿越市政廳之後，從古巷道的盡頭一眼就可以看到亞維儂古城，一座相當具有歷史性與宗教特色的城堡，西元 1995 年時被列為世界文化遺產，由十座塔樓所組成的堅強堡壘，其中主正面天使塔更高達 50 公尺，白天可以購票進入參觀。

　　此外，在西元 1190 年完成的聖貝內澤斷橋（Pont Saint-Bénezet）也相當有名，橋上原有 22 個羅馬拱門，17 世紀因戰事及洪水之故，已經斷裂，僅存部份殘骸，夜景搭配燈光拍照，斷橋的倒映可是相當詩情畫意。每年 11 月第三個週四是薄酒萊新酒祭，亞維儂也是非常重要的產區，來這裡和情人一同共飲，饒富樂趣。

聖貝內澤斷橋 的 倒 影 可 是 相 當 詩 情 畫 意

葛伊娘堡（勾禾德城堡）

在古老的山城中
感受薰衣草的浪漫香氣

　　葛伊娘堡，又譯為「勾禾德堡」，是一座依山而建的古城堡，灰白色的層層建築沿著山巒而上，浩大而壯觀，裡面還收集著歐普藝術（OP Art）創始人瓦沙雷利（V.Vasarely）的抽象畫作，裡面有 5 個房間專門展示瓦沙雷利的畫作、雕塑、木雕。每當來到夏季時，一片片藍紫色的薰衣草環繞著這美麗的古老山城，將這裡襯托得絕世超塵。這裡是觀賞薰衣草的絕佳景點，一眼望去，滿滿無邊際的薰衣草花海，加上巨大而古老的葛伊娘堡就矗立在其後方，搭配起來簡直就是像畫家筆下的場景般，如此似幻似真地呈現在你我眼前。

　　當微風吹拂時，濃烈的薰衣草香，瞬間給了人一種寧靜舒緩的放鬆感覺，片刻腦中一切事物都彷彿早已拋去，只想貪圖眼前的美景與身旁的戀人共享。

關於旅行

從巴黎搭 TGB 即可到亞維儂，交通相當方便。配合薰衣草季節的話，每年從 5 ～ 9 月都是薰衣草的季節，不過 7 月～ 9 月的薰衣草開得最藍最美。

大自然的神祕美景
聖米榭爾山
Mount-Saint-Michel

在此處停留

這裡充滿神秘的氣氛，聯合國教科文組織（UNESCO）在西元 1979 年將聖米榭爾山修道院（Le Mont-Saint-Michel）列入世界文化遺產名錄，而且又是基督教的重要聖地，適合信仰基督的戀人們來此朝聖，就算不是基督教徒，這裡神秘的景觀與氛圍也相當值得一遊，此處退潮時是一座山城，漲潮時變成海中孤島，一同感受大自然的奧妙。

彷彿海中孤城的聖米榭爾山，

桀驁不馴的漠然孤立於藍色汪洋中，

就像是一艘乘載著愛與希望奇蹟的船，

給予我們無限的鼓舞與力量。

　　在一望無際的大海中，如夢幻般的米榭爾城就沐浴在一片薄霧之中，虛實交疊，神奇地就像是一座從海平面中冒出的夢幻仙堡。

　　由於大西洋夏季的暖風吹向布列塔尼亞（Brittany）的丘陵，因此附近的海灣經常籠罩在薄霧之中。你可以說它是一座海中的孤島，也可以說是連結陸地的山城，更可以說它是探險故事裡若隱若現的神祕之島或傳說中的仙境之島。實際上，據說在西元8世紀以前，聖米榭爾周遭的海灣是一片陸地，被名為西西的森林所覆蓋，森林中央有一塊被稱做基地的巨岩，當時的人們將此岩山視為靈場。這個富有特殊景觀的岩石，周長不到1公里，它有一股非常神祕的氣息，據說是適合神明跟天使降臨的地方。到了基督教時代，也被基督教稱做靈山，而慢慢演變為基督教一個重要的靈場。

以大天使之名創建的
聖米榭爾聖堂（St. Michel）

聖米榭爾聖堂，創立於西元 708 年，據說是阿維蘭吉的奧貝爾主教在睡夢中連續三度夢見大天使聖米迦勒（St.Michael），指示主教在這岩山上以大天使之名建一座聖堂，而這也就是聖米榭爾山的由來。

聖米榭爾聖堂保存著相當完善的中古世紀的城牆，不管是從海上或奧維蘭吉的舊市區，都可以眺望到它神祕的面貌。聖米榭爾山四周被大海和斷崖環繞，只有在退潮時，才會出現沙洲的道路，稱得上是天然要塞，13 世紀時更強化城塞的防守功能，成為百攻不破的堡壘，後來在法國大革命時不幸淪陷，許多珍貴的手抄本等重要的文物都遭受洗劫一空，剩下的也都被人掠奪拍賣，此後就淪為監獄使用。到了西元 1863 年，拿破崙三世將監獄移往他處，聖城才改為國立博物館。

　　聖米榭爾從遠處看是一座城堡，正中央的尖塔距離海面 150 公尺高，塔頂上有拔劍除龍的大天使聖米迦勒，要進到修道院需連續通過三道城門，它媲美東方的耶路撒冷，有著崇高無比的地位。

　　夏季是朝聖者必來之地，因此所有的大小巷弄完全被觀光的人潮擠得水洩不通，兩旁的店家販賣的都是朝聖的器具及聖米榭爾的風景照，除了風景之外，特別要推薦給大家的是魔鬼婆婆蛋捲「布列塔尼亞煎餅」，它是法國可麗餅的始祖喔！

　　彷彿海中孤島的聖米榭爾山，是相當夢幻而且適合度蜜月的地方，周圍的海灣千百年來從森林地變成只有在退潮時才會出現的沙洲，如此的如詩如畫的美景絕對值得戀人們一同前來。

關於旅行

想要到聖米榭爾，因為沒有火車抵達，一定要開車，過去漲潮時會淹沒大道，現在經過修築長隄後已沒這個問題，如果想避開人潮拍攝絕美的聖米榭爾風光，建議避開夏季為佳。

阿爾卑斯山腳下的威尼斯
安錫 Annecy

在此處停留

早春二月非常適合來安錫，湖區風景最為動人，有人稱它為歐洲最清澈的湖泊，許多有名的繪畫大師描繪過它，也曾作為國際動畫影展的舉辦地，還有人把它稱作「阿爾卑斯山的陽台」。在法國南部的陽光下，安錫湖典藏已久的童話歲月，在此絕對能深刻感受到在水一方的動人！

山光湖色交織成一幅絕美畫作，

法國安錫就像是一座令人驚豔的湖中宮殿，

這個被譽為法國阿爾卑斯山區最美的山城，

將引領你來到前所未見的水鄉仙境中。

對許多人來說，法國「安錫」可能是一個相當陌生
的名稱。安錫，是融合阿爾卑斯山區的一個大區，被瑞
士和義大利上下包圍，自古以來就受到南方普羅旺斯的
影響，住在這個地方的薩瓦人保有自己的傳統和語言，在
上薩瓦地區的安錫和伊芙（Château d'if）都可以找到他
們文化的遺跡。

安錫是薩瓦王國非常古老的城鎮，13 世紀時，安錫
是日內瓦伯爵的駐地，現今亦保存了非常美麗的運河與
漂亮的房舍，被稱做「阿爾卑斯山的威尼斯」。安錫的
美景，不僅是因為它的地理位置特殊，更可以說是因為
隆河流經此處的關係，隆河是法國四大長河之一，也是
歐洲唯一直接注入地中海的河流，發源於瑞士中部偏南
邊的阿爾卑斯山區，那傾注而下的冰河美景，也讓戀人
們讚嘆不已。

安錫湖遊船

與戀人一起沉浸在醉人的酒香中

安錫有一個盛大的祭典，就是每年 11 月第 3 個
星期四是薄酒萊的新酒祭。法國三大知名的薄酒萊
（Beaujolais）產區，分別是法國波爾多（Bordeaux）、勃
根地（Burgundy）與隆河谷地。隆河谷地是一個不可小
看的美酒大地，所以喜愛品嚐美酒的你不妨在每年 11 月
18 ～ 20 日來此喝上一番。

來到安錫，建議你來坐坐安錫湖的遊船，堤烏運
河（Canal du Thiou）與瓦思運河（Canal du Vasse）把
安錫小鎮營造出小威尼斯的情調，能充分感受安錫的悠
閒自在。安錫湖是一座比較小型狹長的雪山湖，湖水由
高山的雪水和溪流匯集而成。一個小時的遊船加上導覽
解說，可以盡興地遊覽安錫湖風光，包括安錫灣、天鵝
島、半島、小灣等。

浪漫的早春湖光／
感受小威尼斯的絕美景致

　　安錫有個雅號叫「小威尼斯」，鮮花環繞的橋樑和
碼頭勾勒出一幅水鄉的景緻。在週末早市開張的時候，到
處都是形形色色的攤位與充滿 13 世紀風情的店家。每
月最後一個星期六，從早上 9 點到晚上 7 點，還會有
古董、手工藝品的攤販在此設攤，不僅是購物的最佳時
機，也是美食的聚集地。

在美麗的城堡裡／
重演屬於你我的浪漫故事

湖中宮

　　若要眺望整個安錫城全景，安錫堡的堡頂是最棒的
地點，這裡可以眺望整個安錫湖區，依戀在阿爾卑斯山
腳下搭配古城的紅瓦白牆，又是一幅絕美的歐洲景致。
安錫堡位於舊城的中心點，曾經是貴族的居所，西元
1956 年成為博物館，展示著安錫的歷史、民生用品、家
具與 18、19 世紀的風景畫。

　　此外，安錫堤烏運河上的湖中宮，也稱為「小島
宮」，是安錫最漂亮的宮殿，這座湖中宮建於 12 世紀，曾
經是公爵居住的地方，直至西元 1986 年才成為安錫歷史
博物館並開放讓遊客參觀，外表小巧可愛中右帶有高貴
典雅的感覺，真的很吸睛！

　　到這裡來旅遊，可以選擇漫步或遊湖來感受這個城
市的美，與戀人一起同享兩人時光；或是在湖畔餐廳一
邊享用鮮美湖魚，同時感受這裡格外清晰、幽靜的風景。

關於旅行
每年 11 月第 3 個星期四是薄酒萊的新酒祭，喜愛美酒的你不妨在每年 11 月 18 ～ 20 日來此參
觀，可以直接搭乘 TGV 到市中心車站，漫步在古城中別有一番滋味，尤其在晚上湖中宮的投射
是從水中打出粉紅色的燈光，會有種夢幻的嚮往，以及一股粉紅戀情的感覺。

充滿多民族情調的蜜月地

亞爾薩斯的史特拉斯堡
Strasbourg

在此處停留

史特拉斯堡許多由玫瑰石材及木質骨架交錯所呈現的建築風格與遊船都相當有特色，充滿多民族的融合文化，清爽可口令人食指大動的酸菜醃豬肉，加上此處是法國的白酒之鄉，由雷司令葡萄做出來的甘甜白酒最受情人們的歡迎，同時滿足蜜月享受美食美酒與美景的多重需求！

運河風情豐富了亞爾薩斯的景致，
也融合著多民族的不同多元文化，
來這裡盡享多民族的風情，
滿足戀人所有的夢幻想像。

位於法國最東邊的亞爾薩斯（Région Alsace），最著名城市是史特拉斯堡、科瑪（Colmar）、米洛斯（Milos），以現今地理位置來說，它是屬於法國（高盧）人的城市，卻巧妙地融合了拉丁人的開朗、日耳曼民族的勤奮。

這裡的屋子大都採木質骨架建立，與大石塊建成的巴洛克式法國建築截然不同，木質骨架的房子別有一番獨特的古樸風情，亞爾薩斯的方言非常接近德語，所以在這個地方很多人能同時說法語和德語。

亞爾薩斯最早本來是日耳曼民族的居住地，不過卻在短短的一、兩百年之間連續更換了四次國籍，最後又回到了法國人的懷抱裡。不過也因而在此留下很多日耳曼風格的生活文化，連亞爾薩斯的主食也彷彿是德國豬腳的翻版──酸菜醃豬肉、德國香腸與醃鹹白菜，就不難理解這座城市的多元融合了。

史特拉斯堡主教座堂

玫瑰色傳奇／史特拉斯堡主教座堂

　　若來到亞爾薩斯，史特拉斯堡絕對是不能錯過的景點。史特拉斯堡是法國的第六大城，位於法國、德國、瑞士三國交界，融合了三種不同民族的特色，在羅馬時期是連結北邊的歐洲和地中海的重要據點，所以又稱為「歐洲十字路口」。

　　史特拉斯堡最著名的景點就是「史特拉斯堡主教座堂（Cathédrale Notre-Dame de Strasbourg）」，建於西元 11 世紀，以佛日山玫瑰色砂岩為外牆，是亞爾薩斯最重要地標。教堂裡面的彩繪玻璃非常精美，旁邊有一個鐘塔，每天中午 12：30 可欣賞在此天文鐘的運行，堪稱歐洲相當精緻的天文鐘運轉。

　　三座哥德式火焰型的大門雕刻著耶穌受難的故事，這精細的雕刻遠看好像是繁複華麗的花邊，而中央大門上有玫瑰心型的彩繪玻璃，彷彿六朵盛開的玫瑰花向外綻放。還可以登上 329 個台階的鐘塔頂端，欣賞整個萊茵河與佛日山脈的景色，別具風味。

　　此外，主教座堂旁邊是「史特拉斯堡親王官邸」，建立於 18 世紀，外觀充滿古典主義風格，現已改成現代美術館、考古博物館，以及裝飾藝術博物館，擁有全法國最精美的瓷器收藏，附近舊的海關大樓也改作美術館，陳列了羅丹與布拉克的作品。

運河上河道高低落差之間的運行

運河遊船／盡覽水岸風光

史特拉斯堡運河區是由萊茵河的四條支流組成的多條運河所形成，矗立在運河兩旁的都是德國木質骨架的房子，當地人將之稱作「小巴黎區」或「大島」，佔滿了將近兩千年的亞爾薩斯人的歷史文化生活建築，聯合國也在西元 1988 年時將其列為世界文化遺產。

建議來到此處，一定要搭乘遊船，一趟約 75 分鐘左右，類似阿姆斯特丹的玻璃船，環繞整個史特拉斯堡，船隻進到水閘時會進行放水的動作，讓觀光客在船內體驗河道高低落差之間的運行，一來欣賞兩旁美麗的楊柳與白樺，二來可以飽覽史特拉斯堡的美景。此外，途中偶爾可以看到巨大的非洲鸛鳥的空鳥巢，當地居民的幸運象徵，所以在此可以買到很多不同造型的鸛鳥玩偶，由於又叫「送子鳥」，所以相當討喜，非常適合作為旅行的伴手禮！

以運河風景聞名的史特拉斯堡可以提供蜜月假期與眾不同的賞景模式，如果厭倦了巴士、鐵路看風景的長途旅行，不如就來此地感受多元文化並容的精緻運河蜜月吧！

關於旅行

從巴黎直接搭火車即可到達，建議搭乘玻璃船，現場買票即可，環繞整個史特拉斯堡，並且有詳盡的中文解說。此外，全法國就是這裡的愛馬仕專賣店最有機會買到柏金包！

同享醉人微醺的紅酒聖境

聖艾美濃城 St. Emilion

在此處停留

聖艾美濃城不僅是一個充滿神蹟的地方，更是如詩如畫的中世紀古城，街上隨意取景拍照就是一張風景明信片。聖艾美濃區的城鎮建築從中世紀即完整保留至今，可以充分感受像是穿越時空隧道般的神奇體驗。

在這座受神恩典的城市──聖艾美濃，
與戀人同享微醺的醉人紅酒共譜最浪漫的誓言，
讓充滿神蹟的祕境成為我倆的愛見證。

　　喜歡紅酒的人對這個地方應該不太陌生，聖艾美濃城是與波爾多（Bordeaux）、勃根地（Burgundy）、隆河河谷（Rhone Valley）等法國三大酒區並駕齊驅的紅酒聖地。這座紅酒古城位在葡萄莊園中，還是歷史最悠久的釀酒地之一，擁有多達 800 座葡萄酒莊，釀造出超過 3000 萬瓶的葡萄酒。

　　聖艾美濃城的地形多山丘，泥土是由石灰岩經風化、侵蝕後變成黏土，較易收藏水分，這種環境土壤，孕育出來的葡萄酒也不一樣，據當地人所說，聖艾美濃的酒，果香味較為濃醇，是值得收藏的好氣味！

質樸古城與特色小巷／
感受相異奇趣之美

聖艾美濃城也是一座聖城，所有的一磚一瓦，都可以說是上帝的神蹟，現居人口不到三千人，這座風景秀麗的小村莊，在街上隨意取景拍照就是一張風景明信片。中世紀古城、岩壁、教堂、葡萄，就像在電影中看到的歐洲美景一般。城內樸實簡單，除了高聳的教堂與鐘樓外，大部分的屋子都不算顯眼，特別推薦它的小巷景色，每間小房舍、小商店甚至小餐廳都各有自己的特色，曲折環繞的小街道就像是一座迷宮，各種花香、杏仁曲奇餅香，帶著愉悅的心情前往，你將擁有充滿無限驚奇的感受！

讓聖艾美濃教堂的傳說／
為你見證愛的奇蹟

艾美濃（Emilion）原是諾曼人，根據《聖經》所述，艾美濃具有神祐，常常展現各樣神蹟劫富濟貧，從貴族城堡中偷取麵包、錢財給窮人，有一次他偷了麵包後被守衛逮捕，守衛勒令他脫下大衣，結果衣內所藏的麵包竟全部變成木頭，這則故事至今仍流傳於民間。艾美濃在生命最後 18 年，隱居至此城的洞穴來修道，終日閉關，但因為他能行使神蹟，每天仍有不少信徒遠道而來找尋他，朝聖者絡繹不絕。艾美濃死後，這座城決定紀念他，因此命名為「聖艾美濃城」。

來到聖艾美濃城，絕不能錯過聖艾美濃城的教堂，據說在西元 9 世紀時，教士們為了躲避海盜每年來犯，決定建一座隱藏在石灰岩山壁之中的教堂，所以當時選了一塊巨大的石灰岩塊建造教堂，把整塊大石鑿空，足足建了一百多年，終於完成現在大家所看到的聖艾美濃教堂。

來到法國蜜月旅行最不能錯過的當然包括了品嚐紅酒，聖艾美濃城不但是著名的紅酒產地，整座古城又散發著悠悠古意，與人潮眾多的觀光城市相較，情人之間多了些私密相處的空間，非常適合來趟美麗的古城體驗。

關於旅行

遊覽季節盡量避免冬天前往，因為樹葉都落了，只會看到一大片禿枝。春天、夏天和初秋較適合，可以看到城外的山坡、全是綠油油的葡萄田。酒莊要先預約才可安排參觀，一般會收取 6～10 歐元的入場費。有些酒莊，例如 Chateau Franc Mayne，會在收割季節，讓旅客到葡萄田親自嘗試摘葡萄，但每年收割的日子不定，如果想和情人一起享受採葡萄的妙趣，出發前一定要確認清楚。

記憶永存的50座美情城市

{ 義大利 }
{ ITALY }

威尼斯 · 羅馬 · 佛羅倫斯 · 聖吉米亞魯 ·
蒙達奇諾 · 米蘭 · 威羅娜 & 色謬古城

語　言 | 義大利語、斯洛維尼亞語、法語
氣　候 | 屬典型地中海氣候，氣候特徵是冬季溫和濕
　　　　潤，夏季酷熱乾燥，晝夜溫差較大。
貨　幣 | 歐元（EUR）
簽　證 | 免簽
時　區 | 台灣時刻 -7（3～9月 -6）
電　力 | 230V、50Hz，雙圓頭型與三圓頭型之插頭及
　　　　插座
國際區碼 | 39

共譜鳳尾船之甜蜜愛戀
威尼斯 Venice

在此處停留

在蜜月假期時，兩人可於夜晚近凌晨時，order 一艘鳳尾船，威尼斯夜晚時刻寂靜無聲的美，只有
寥寥數艘的船隻輕輕滑越威尼斯的水城巷道，穿梭在迷城巷道內；白天的華麗都隨著夕陽消失於
地平線之下，伴隨你們的只有船家的滑水聲與拌雜零星的腳步聲，反而更有份異於白天的夜晚之
美。如能讓船家在午夜 12 點整時，將船划至嘆息橋下，在 48 響鐘聲響起至結束前，給對方獻上
深情的一吻，據當地傳說：屬於倆人的戀情世界，生生世世永不變心。

坐在河道巷弄裡不起眼的咖啡座上，

點一杯道地的義式卡布奇諾，

望著水面徐行的鳳尾船影，

聽著水道一頭幽幽飄來義大利的歌謠，

享受「偷得浮生半日閒」的愜意，

寫下屬於自己的浪漫詩篇。

　　說到浪漫，大家一定會想到「水鄉」，也就是義大利的威尼斯，恣意遊走在水城巷道間，穿過一座接著一座的短橋，是眩目的櫥窗、古意的樓房、華麗的面具、曲折的水道、繁華的廣場……當然也不能錯過有著獨特外型，穿梭於威尼斯水道間的鳳尾船，尤其每年威尼斯嘉年華會的狂歡時刻，更是深深吸引著數十萬的遊客。

長達十天的嘉年華中，整個城市都瀰漫在狂歡的氣氛中，此地彌漫著西元 18 世紀時期的異國情調，到處都是穿著華麗服飾的狂歡人們，戴著面具的情侶們則在運河上的小船上激情地擁抱，面具舞會將歐洲所有的社交菁英全部齊聚，咖啡館則群集著沒有地方住宿的遊客，這些人每到夜晚就佔據著各處的舞臺，真的是一場生動的國際盛宴呀！

浪漫水都／鳳尾船奇觀

在聖馬可本島的 170 多條水道中，你可以看到許多不同的船隻，如垃圾船、警察船、貨運船、計程船等，當然還有最令人印象深刻的鳳尾船（Godola）。平均一艘船可以搭乘 2 到 3 人，大船可搭 50 至 100 人。

據說在西元 15、16 世紀時，威尼斯城因為十字軍

東征之利而成為歐洲當時最繁華的國度，造就了很多跨
海國際貿易的威尼斯富商，這些富商家財萬貫，不只是
家中的豪宅媲美皇宮，他們所搭乘的座船，也都是鋪張
豪華。西元 1561 年時，當時的執政者為了水道通行順
暢及美觀，統一船隻規格，而且全威尼斯限制船隻數量
為 500 艘，而當時規定的造型就是現在大家看到的鳳尾
船。最特別的是船伕為世襲，由父傳子、子傳孫，代代
相傳，而且船員皆必須穿著橫布條 T 恤，形成一種格外
有趣的傳統。

搭成浪漫的鳳尾船／共譜迷人戀曲

現在威尼斯的鳳尾船伕，大都由威尼斯的黑手黨
所把持，分為兩大派系：一派為卡斯特蘭黨，另一派
為尼柯羅蒂黨，卡斯特蘭黨經營的路線由聖馬可廣場
東邊到東塔斯特列島，穿過著名的「嘆息橋（Ponte dei

Sospiri）」。而尼柯羅蒂黨經營的路線則是由大廣場以西
到聖尼克羅島，途經莎士比亞小說著名的《威尼斯商人》
（The Merchant of Venice）一書中，號稱威尼斯最漂亮
的「里亞托橋」（Ponte di Rialto）。

　　冬天的威尼斯，少了擁擠的人潮，到處充滿了微冷
的寒意。整個威尼斯一年四季在空氣中都瀰漫著咖啡、巧
克力、橄欖油、義大利酒醋的綜合香味。坐在路邊咖啡
座上點一杯道地的義式卡布奇諾，看著櫥窗內精緻的面
具與路邊的人群，聽著鳳尾船船伕哼著義大利的歌謠，感
受絕對浪漫的氛圍！

關於旅行

每年的威尼斯嘉年華都在「聖灰星期三」（Ash Wednesday，每年的日期不盡相同，約在2月
左右）的前10天舉行，日期大都在一月底至二月中旬，但是嘉年華的最後五天才是最瘋狂的
時刻，非常值得前來觀賞。這個時期中，到處都是戴著面具及華麗衣著的遊客，與情人一起穿
梭在精心打扮的人群中，也是相當難得奇妙的浪漫經驗喔！

愛情的永恆之城
羅馬 Rome

在此處停留

傍晚至夜裡，所有燈光，依序點起，白天冰冷的大石彷彿注入了生命，隨著燈光的投射之下，整個羅馬燈火通明，每一座建築物都呈現了不同的美感，最棒的是臺伯河的倒影，相互輝映，真的令人美到驚豔，由於夜間遊客人數較為稀少，格外寧靜，非常適合在此留下新婚夫妻浪漫的身影！

在這滿是歷史回憶的古老街道，

你愛的是那充滿古意的建築風采，

我則沉浸在《羅馬假期》中那浪漫的氛圍，

同樣的時空彷彿交織著兩個不同的靈魂，

那樣的迴異卻又意外的相契。

穿梭在電影中的浪漫場景

　　羅馬，是義大利首都，也是政治、經濟、文化和交通中心，是古羅馬帝國的發祥地，又稱為「永恆之城」。羅馬是全世界天主教會的中心，有 700 多座教堂與修道院，市內的梵諦岡是天主教教宗和教廷的駐地，也是世界上領土面積小的國家，形成「國中國」的特殊景象。西元 1980 年時，羅馬的歷史城區被列為世界文化遺產。

　　羅馬因為是天主教中心，所以整個城市充滿了天主教建築，像是全世界最大的教堂 ——聖彼得大教堂

梵諦岡博物館

（Basilica di San Pietro）即是座落於羅馬城內的梵諦岡
（The Vatican City state）。而西斯汀禮拜堂（Cappella
Sistina），更是珍藏了文藝復興時間眾多重要的藝術
作品，如米開朗基羅（Michelangelo）的〈創世紀
（Genesis）〉、〈末日審判（Last Judgement）〉，拉
斐爾（Raphael）的〈雅典學院（La scuola di Atene）〉
等等，相當值得一遊！

　　來到羅馬，萬神廟（Pantheon）是不容錯過的景點。
它是西元 27 年的羅馬共和國時期，屋大維的副手阿格裡
帕為了紀念打敗安東尼和埃及豔后而建造的，之後歷經

西斯汀禮拜堂

西斯汀禮拜堂

萬神廟

萬神廟 羅馬競技場

大火與重建，現在的萬神廟是一個教堂，會定期舉行彌撒以及婚禮慶典，同時也是世界各國觀光客們競相參觀的地方。

羅馬競技場（Colosseum）是西元 80 年建成的大圓形競技場，號稱能容納 5 萬人，不過西元 442 年和 508 年發生的兩次強烈地震，對競技場結構本身造成了嚴重損壞，加上 15 世紀時教廷為了建造教堂和樞密院，竟然拆除了競技場的部分石料，所以形成現在殘缺的模樣。

羅馬國立博物館（Museo Nazionale Romano）是由米開朗基羅所建造，又名特魯美（浴場）博物館，陳列著從浴場遺跡出土的文物，希臘、羅馬時代的雕刻、鑲嵌物，都是古代藝術的世界級珍品，相當值得前來觀賞。而卡拉卡拉浴場（Terme di Caracalla），除了洗浴池外，同

羅馬競技場

時擁有花園、健身房、會議廳、圖書館和理髮店等服務
設施，是古代的公共娛樂場所，它的供水排水系統和中
央供暖系統的技術問題在當時都被完美地解決了，現今
的卡拉卡拉浴場仍用於夏季的歌劇演出。

　　其他著名的建築還有建於 18 世紀的巴洛克噴泉特
萊維噴泉（Fontana di Trevi），是羅馬最大的噴泉，也是
全世界最受歡迎的噴泉之一，傳說閉著眼睛背對著許願
池投硬幣，願望就會成真，所以蜜月來此時千萬不要忘
記、也為彼此許下真心的諾言。

　　羅馬因為良好的氣候條件和保存完整的歷史建
築，成為影視業的重要基地，像是《不設防城市》（Rome,
open city）、《羅馬假期》（Roman Holiday）等等，都
是在這裡拍攝的。

羅馬的飲食文化具有相當的多樣性，最典型的菜餚
有燉牛尾、小牛腸、牛奶燒小羊肋排和牛肚配蕃茄醬，都
是羅馬的特色。此外像是乳酪炸凍丸子、莫薩里拉乾酪
丸子、西葫蘆花、烤白麵包片配大蒜、橄欖油或蕃茄、大
蒜搭配薄荷蒸嫩朝鮮薊，還有猶太式的鱈魚片等都是別
具特色的美味！

充滿歷史背景以及豐富人文精神的羅馬，往往是新
婚夫妻的蜜月首選地，加上許多電影場景所刻畫的羅馬
印象，更加深了此地的浪漫形象，兩人來到此地神遊於
現代與古代的氛圍中，共度專屬於兩人的羅馬假期！

關於旅行

羅馬的公共運輸系統完善，由巴士、有軌電車、地鐵等組成，不過因為羅馬街道歷史太悠久，
寬度無法容納龐大的交通流量，且市中心古蹟眾多，道路難以拓寬，所以交通狀況不佳，人車
時常互不相讓，城市的中心城區受到交通管制，未經批准，私家車每天6點～18點不允許通行，
所以藉由地鐵、公共汽車以及徒步來參觀羅馬，絕對是最佳選擇！

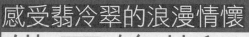

感受翡冷翠的浪漫情懷

佛羅倫斯 Firenze

在此處停留

充滿文藝復興風格的建築，還有名列歐洲八大教堂的聖母百花大教堂（Basilica di Santa Maria del Fiore），在佛羅倫斯，可以充分感受到文藝、美食與人文風景交織而成獨特的景致，與情人同遊，接受浪漫文藝的洗禮。

你 一 定 聽 過 佛 羅 倫 斯 的 名 字 ，

或 許 也 知 道 徐 志 摩 呼 喚 的 「 翡 冷 翠 」 ，

你 可 能 為 了 崇 拜 的 藝 術 或 文 化 復 興 文 化 來 此 ，

或 者 前 來 採 購 世 界 著 名 的 皮 貨 ，

甚 至 只 為 了 舔 一 口 清 爽 的 冰 淇 淋 ，

真 是 個 既 偉 大 又 細 緻 的 城 市 ， 不 是 嗎 ？

佛羅倫斯是托斯卡尼（Toscana）的首都，擁有近 50 萬人口，以皮毛皮革交易為主要經濟活動，是歐洲重要的文化、商業和金融中心。「佛羅倫斯」由英語名稱「Florence」而來，這個城市還有另一個美麗的名字——「翡冷翠」，出自大詩人徐志摩之筆，根據義大利語「Firenze」的發音翻譯而來。

佛羅倫斯與文藝復興的關係密不可分，文藝復興三傑——米開朗基羅、拉斐爾、達文西（Leonardo di ser Piero da Vinci），與但丁、喬托、布魯內斯基等人都曾在此留下不朽的名作。

名列歐洲八大教堂的
聖母百花大教堂

　　來到佛羅倫斯，名列歐洲八大教堂之一的「聖母百花大教堂」，是最值得參觀的建築。百花大教堂由西元1296 年建至 1471 年，歷時 175 年，外觀以粉紅色、綠色和白色大理石砌成，幾何的圓弧設計，更展現女性優雅高貴的氣質，日本觀光客甚至美稱其為「花的聖母寺」。

　　聖母百花大教堂最著名之處，在於由布魯內斯基所建造的皇冠般的巨大圓頂，共花了 26 年的時間才完成，教堂的皇冠圓弧直徑達 42 公尺，是世界上最大的羅馬式皇冠頂，據稱連米開朗基羅也讚嘆不已，後來更參照布魯內斯基的設計，建成梵諦岡聖彼得大教堂（Basilica di San Pietro in Vaticano）的大圓頂（皇冠圓弧直徑 35 公尺）。

天國之門

教堂右側，還有一座喬托鐘樓（Campanile di Giotto），以碧綠色大理石所建，高 82 公尺，414 級台階，由喬托及弟子安德路亞與比薩諾接續完成。仔細觀察，一定能品味出三位師徒在設計上的異同之處。

教堂正前方是聖喬凡尼洗禮堂（Battistero di San Giovanni），建於 5 世紀，原本是佛羅倫斯最早的守護神──戰神瑪斯的神殿，後來又改成聖約翰教堂。11 世紀時改成八角形建築，最後成為百花大教堂的洗禮堂。其中最不能錯過的就是四面青銅門，最有名的是北門，由吉爾伯蒂親自從西元 1400 年建至西元 1420 年才完成，門上描繪有《新約》（New Testament）的故事，而遊客最喜愛的則是更壯觀的東門，西元 1452 年建成，由吉爾伯蒂及其子吉魯蘭太、米開朗基羅與科佐利共同完成，被稱為「天國之門」，此門共有十塊《舊約》（Old Testament）故事的浮雕銅板。南門則是由安德路亞雕刻聖約翰的故事，而西門繪有「最後的審判」。

西紐利亞廣場

眼賞藝術珍品／口嚐食尚美饌

　　西紐利亞廣場（Piazza della Signoria），又稱「市政廳廣場」、「雕像廣場」或「領主廣場」，整座廣場就像一個露天藝廊。面對市政廳處是一整排的巨型雕刻，由左到右分別是柯西摩一世騎馬雕像、海神噴泉、大衛像、赫拉克雷斯和卡克斯，右側迴廊為蘭茲柱廊，裡面更是有數座經典名品：手持蛇髮女妖梅杜莎首級的波休斯青銅像，以及 360 度皆可觀的薩比尼的掠奪石像，尤其是後者打破了以往單一正面的雕刻技術，改以 360 度的方式呈現在眾人眼前，雕工手法堪稱絕世，更成為各大博物館精典收藏之作。

　　這裡不只是佛羅倫斯共和國起源，至今仍是市政中心，也是本地人與遊客喜愛的觀光勝地。除此之外，歐洲著名小說《巨人傳》（Pantagruel），更以佛羅倫斯為場景，書裡提到，白天的佛羅倫斯為人類的世界，過了午夜 12 點，寄宿於西紐利亞場雕像內的精靈們，便開始活躍起來！

烏菲茲美術館

廣場旁的烏菲茲美術館（Galleria degli Uffizi），有「文藝復興的寶庫」之稱，原為梅迪西家族的私人收藏，後被捐贈為公共美術館。館內珍藏眾多經典畫作及雕刻作品，如：邦提且利的《維納斯的誕生》（The Birth of Venus）、達文西的《聖告圖》（The Annunciation）、拉斐爾的《自畫像》（Self-Portrait）、米開朗基羅的《聖家族》（Holy Family）等等，來此瞻仰無數大師名作，享受藝術洗禮，絕對不虛此行。

關於旅行

來到佛羅倫斯，最方便的旅遊方式就是搭乘火車直接來到佛羅倫斯舊城區的中央車站，省去昂貴的入城費，靠著徒步即可遊遍佛羅倫斯 90% 的景點，所以穿雙舒服好走的鞋子是必備的，小心吉普賽人的扒手技術特優，女士包包儘量放胸前斜揹，以防摩托車搶包，小心注意即可有一趟完美的旅程。

建議參觀的地點：烏菲茲美術館、國立藝術學院、皮革工藝學校、Salvatore，Ferragamo 博物館，如果有車不妨上山來到米開朗基羅廣場可以眺望整個佛羅倫斯古城區，風景極佳是拍照最美的位置。

建議品嚐的美食：像是佛羅倫斯的白牛排、冰淇淋、牛肚三明治，可以坐在河岸一邊欣賞水波激盪的河景，一邊品味當地美食，實在是一大享受。

建議購買的物品：除了佛羅倫斯的皮革製品、各類名牌專櫃外、蕾麗歐化妝品約是台灣三分之一價格、還可以選擇義大利著名的橄欖油及酒醋。

亞諾河上的雙層蓋頂橋——維其奧橋（Ponte Vecchio），是著名的義大利三色金店舖、金匠銀舖攤販聚集的商城。

穿越時空的愛戀

聖吉米亞魯
San Gimignano

在此處停留

滿是紅色高塔的聖吉米亞魯擁有古老與安逸的特質，來此處度蜜月能感受心曠神怡的寧靜氛圍，完全沒有現代化建築，彷彿走進時空隧道一般，可以留下富有中古世紀情懷的彼此的身影。

寧靜的古城，與高塔相輝映，

滿山遍野的橄欖樹、葡萄園、蕃紅花，

彷彿走進了時光隧道般，

連空氣都漾滿了托斯卡尼的浪漫。

穿越時空的美塔之城

　　聖吉米亞魯，又譯為「聖吉米納諾」或「聖吉米安諾」，位於西恩納西北方的中古世紀小城，又稱為「美塔之城」，在阿爾卑斯山道路線尚未開通之前，是義大利與法國海線的通商古道，城內保有不少廣場、教堂、水井及貴族留下來的高塔，相當完整。

　　在此林立的高塔，大都是 13 世紀時期建立的，當時歐洲正處於羅馬教皇與神聖羅馬帝國皇帝爭奪領土大肆結盟時期，全城貴族也分成兩派，互相較勁以決定勢力劃分，因而大量建造顯示實力的高塔、儲備糧食兵力，並同時擔任守護城堡監視敵軍動向的任務。鼎盛時期全城共有 72 座塔，如今只剩下 14 座角塔，矗立於山城之中，形成一個相當壯觀的景緻，現在已被聯合國列入世界文化遺產中。

　　來到這裡，一定要參觀的就是聖柯雷教堂，正史記載此城建立於西元 927 年，現今仍供奉著西元 4 世紀時摩迪南大主教的斷指與戒指，相傳只要摸了它，所有疾病就可不藥而癒。另外如貝奇拱門與坎奇雷門兩座古蹟也是值得一看的選擇。

　　聖吉米亞魯，孤獨的聳立在托斯卡尼的丘陵上，從遠處看來，盡是一望無際的橄欖樹、葡萄園，秋天時節滿丘的蕃紅花，更是為這座山城襯托出不同的色彩。搭配聖城一座座磚紅色的高塔，如皇冠蓋頂般的座落在山丘之上，古城、角塔、葡萄園與橄欖樹相互呼應，呈現出一種超脫時間的束縛，來此感受到中古世紀的寧靜與樸實的美感。

水井廣場

漫遊中古世紀

　　水井廣場（*Piazza della Cisterna*）又稱為「奇斯特那廣場」，廣場上大都是 13 ～ 14 世紀的建築，中間一座古井建於西元 1237 年，為當時山城易遭圍攻，儲存水源及防敵圍城之用，角落上有一間奇斯特酒店，至今已有 600 多年歷史。鄰近旁邊的大教堂廣場上共有七座高塔，右邊的波迪斯宮是過去的市長官邸，左邊的柯慕雷宮是過去的市長執政廳，上面還有改建成博物館的但丁宮。中間高處的教堂就是阿格哥斯提諾大教堂，裡面保留著 14 世紀完整的濕壁畫，都是文藝復興時期的作品。

　　聖吉米亞魯的魅力不只是擁有中古世紀以來的古城氣質，城裡保留至今的城牆與歷史都足以讓蜜月多一分深度，但除此之外，也別忘了在水井廣場旁之名的冰淇淋店享受一下心曠神怡的感覺喔！

關於旅行

義大利的天氣四季分明且不會下雪，春夏時可以看到不同的綠色美景，秋天則是的金黃與紅色交互輝映，冬天是一片枯瑟的色調，相當具有歐風色彩。前往此處沒有其他交通工具，一定要開車前來，進入聖城還需停在山腳下的停車場，購買入城費之後，徒步進入。

共遊義大利美酒的故鄉

蒙達奇諾 Montalcino

在此處停留

這裡是義大利著名的紅酒產地，充滿古樸的風情，尤其人煙稀少，可
以享受與世隔絕的悠閒與自在。

古樸的青石小路點綴在葡萄園中，
隨著微風飄散的是陣陣的葡萄芳香，
共飲著香純的葡萄酒，
你我彷彿都沉醉在這美好的時刻中。

與世隔絕的純樸小鎮

蒙達奇諾，是義大利托斯卡尼錫耶納省（Provincia di Siena）的一個小城，人口只有約 5000 人，離文藝復興古城佛羅倫斯（Florence）西南方 110 公里處，以美麗的風景和蒙達奇諾的布魯奈羅葡萄酒（Brunello di Montalcino）聞名。布魯奈羅葡萄是山吉歐維列（Sangiovese）葡萄在蒙達奇諾地區的一種優質無性繁殖系（Clone），又被稱為 Sangiovese Grosso。西元 1980 年時，蒙達奇諾布雷諾是義大利第一個被列入最高級的保證法定產區 DOCG 的產區，目前也是義大利最知名的明星產區之一。

來到蒙達奇諾，舉目望去都是葡萄園，這裡是義大利托斯卡尼亞的最深處，本身是一座山城，充滿古樸的質感，尤其爬上山頂，眺望著一望無際的葡萄園時，那空曠與了無人煙的感覺，讓人心曠神怡。

　　由於人煙不多，鮮少觀光客知道，因此來到這裡的葡萄園可以隨意參觀，兩旁還有許多的小酒鋪可以品酒，山上還有賣酒的古堡，是一個完全呈現中古風貌的山城，不少酒莊也有提供住宿服務。在山城的鄉間幾乎都是由零碎的青石與整塊的石板所構成的山路，一旁有三三兩兩的屋舍座落其中，到處散發古樸的氣息，漫步其中，別有一番詩意。

　　在夏末秋初之時，結實累累的葡萄串連在一起，形成相當美麗的景象，不管走在山城巷弄間或穿梭在葡萄田的小徑中，迎風飄散的葡萄芳香令人垂涎三尺，來到這裡，可以完全感到純樸道地的鄉村風味。如果巧遇採收季到來，還可以親身體驗採收葡萄的樂趣。當地的葡萄收成完全以手工進行，並在葡萄篩選輸送帶上經過精挑，才送進酒廠釀造，釀造期間並不使用幫浦吸取酒液，完全採地心引力法導流，以保持葡萄酒的完整風味。

蒙達奇諾受惠於托斯卡尼沿岸溫暖又乾燥的氣候，這裡最佳的葡萄園擁有比 chaniti 產區更多石頭，土質更加貧瘠的土壤，雙重優勢造就出全世界最濃郁厚實、最具久儲潛力的山吉歐維列的葡萄。在蒙達奇諾不同坡段上，因其土壤、微氣候以及周遭林相差異而產出滋味各異的葡萄果實。每隔一段路程種植出來的葡萄特色也因其土壤不同，口感味覺都有很大的差異，因而出現許多知名的酒莊，如 FRESCOBALDI 酒莊及卡薩諾瓦酒莊等等，為本地最具特色的經濟人文景致！

電影、品酒與蜜月的浪漫結合

一直以來，蒙達奇諾的美景深受認同，也有很多電影選擇在此取景，像茱莉亞羅勃茲（Julia Roberts）的《享受吧！一個人的旅行》（Eat, Pray, Love）以及戴安

蓮恩（Diane Lane）的《托斯卡尼艷陽下》（Under the Tuscan Sun），尤其是後者大都以此山城作為拍攝重點。

　　所以，來此度蜜月的情人們，不妨投宿於山城之中，等到下一個清晨微亮的時刻，帶著你的相機及酒杯（如果是威尼斯的水晶玻璃杯就更有 FU 了！），輕裝打扮，踏著山城古老歲月遺留下來的足跡，輕躍於歷盡千年滄桑的石板路，一家酒鋪接著一家、一杯酒杯接著一杯，一手拿著相機留戀，另一手拿電影小說充作指南，遠眺一望無際的葡萄園，貪戀於托斯卡尼的美與浪漫電影的夢，是不是已讓你期待有一趟難忘的蜜月旅行了？

關於旅行

蒙塔其諾位於托斯卡尼的最深處，從佛羅倫斯開車出發約 3 小時，不過因為早上容易塞車，加上山城位置找尋不易，車速較緩，建議前一晚就投宿在此，有許多道地風味的民宿及酒莊，提供三餐及住宿甚至葡萄園 Tour 的服務。進入山城之後，只能以步行方式參觀山城，偶爾可以即興穿梭於葡萄田間，由於冬天沒有葡萄，建議春夏時節前來。

時尚之都

米蘭 Milan

在此處停留

來到米蘭，我最愛坐在迴廊，一面享受咖啡濃郁的香氣，一面飽覽城市的時尚風情，來往的人群盡是穿著時尚的義大利帥哥美女，最新的皮革服飾、長靴短裙，風情萬種地穿梭於迴廊之中，彷彿服裝發表會一樣，令人眼花撩亂。

米蘭是久歷時光的古都，也是新潮時尚的都會，

都會男女心中的夢幻之都，

混搭，是它迷惑世界的個人風格，

拿破崙大道內的櫥窗是每一位戀人的夢。

　　米蘭是義大利的第二大城，也是義大利的經濟、商業、金融中心。義大利的金融機構與各大企業總部幾乎都設在米蘭，跨國銀行超過 500 家，可說是南歐的金融中心。米蘭與羅馬、佛羅倫斯、威尼斯等城市截然不同，所呈現的是高樓林立的現代化都市樣貌，主因是二次世界大戰時，大部分古蹟遭受嚴重空襲而破壞，現今的市容已全數重新改造。

　　雖然是商業都市，但是米蘭卻充滿流行時尚與文藝氣息，主要是因為文藝復興時期，史芳查家族曾聘請知名畫家達文西擔任宮廷畫師，長達 20 年之久，留下了膾炙人口的名畫《最後的晚餐》。此外，羅馬聖彼得教堂的建築師布魯曼特也在米蘭設計了許多建築作品，大文豪但丁也曾流亡至米蘭，他當時所居住的街道被稱作「但丁街（Via Dante）」。

聖母大教堂展現寬宏氣度

　　米蘭最有名的是米蘭聖母大教堂（Basilica di Santa Maria del Fiore），名列歐洲八大教堂之一，位於艾曼紐二世廣場上，於西元 1386 年開工建造，以玫瑰色大理石來建造，西元 1805 年拿破崙入主米蘭時，下令趕工建造教堂正前方未完成的五扇青銅大門，五道門所表現的，由左至右依序是：君士坦丁皇帝頒發米蘭敕令、聖盎博大主教的神蹟、聖母瑪麗亞升天、米蘭人抵抗神聖羅馬帝國的事蹟以及聖嘉祿大主教事蹟。

　　米蘭大教堂建造工程歷時近六百年，上半部是哥德式尖塔，下半部是巴洛克式風格。此教堂號稱有三多，一是哥德式尖塔多，教堂上共有 135 座哥德式火焰形尖塔，密密麻麻地像隻大刺蝟，最高的尖塔高達 108.5 公尺，頂端有一尊 4.6 公尺的鍍金聖母像。每到冬天米蘭

記憶永存的50座經典建築

起霧時，教堂建築隱身在霧裡，只露出高高在上的塑金聖母，彷彿凌空而降一般，是非常震懾人心的宗教景像。

第二多就是彩繪玻璃多，教堂內部的彩繪玻璃非常壯觀，由博蒂尼於西元 1835 年～ 1854 年所雕刻，入內可看見五座巨型的彩繪玻璃，由左到右分別是大天使抵抗惡魔、聖嘉祿主教的神蹟、聖母升天、聖盎博大主教、聖母戴克娜獅子殉道圖。彩繪玻璃總數超過千扇，陽光透過彩繪玻璃灑進來，七彩的光影令人感到宗教的神聖。

此外，第三多是巴洛克的聖者使者雕像多，教堂內外的聖者和使者雕像也特別多，外觀有 3800 多座，內部有 500 多座，內外共有 4400 多座。教堂正中間有一座水晶玻璃棺木，內有最後一任大主教──聖嘉祿大主教的遺體，其中水晶棺木是由西班牙菲利浦親王所贈，還有德國伍德國王贈送的皇冠，與奧地利瑪麗亞皇后送的十字水晶項鍊。

米蘭大教堂可說是驚世之作，與西班牙巴塞隆納的聖家堂（Sagrada Família）、西班牙的塞維爾大教堂（Seillva Catedral）名列歐洲最壯觀的三座哥德式建築作品，由左側面入口購票，可登上教堂塔頂，眺望整個米蘭，寬闊的景觀十分值得一看！

與戀人同遊時尚之都米蘭／感受時尚氛圍洗禮

　　米蘭大教堂左方的「艾曼紐二世迴廊」（Galleria Virrorio Emanuele II），由建築師孟格測自西元 1865 年起花了 12 年時間完成，共 196 公尺長，106 公尺寬，高 50 公尺，以玻璃帷幕蓋成，由上空看下去呈現拉丁十字形。珍貴藝術作品、服飾名品店與頂級咖啡館都在這裡，當地人稱此處為「米蘭的客廳」。

　　迴廊盡頭是「達文西廣場」，又稱「斯卡拉廣場」（Piazza della Scala），廣場周遭都是有名的建築，正北方是馬利諾宮（Palazzo Marino），是拿破崙時期的辦公廳，正對面是與法國巴黎加利耶里歌劇院、奧地利維也納國立歌劇院並列歐洲三大歌劇院的「斯卡拉歌劇院」（Teatro alla Scala），每當有重要演出時，就能看到身著燕尾服的紳士與打扮復古或流行的淑女，場面相當隆重，彷彿進入貴族宮廷的華麗世界中！如果能在旅途尾聲，來到聖寵瑪麗亞修道院（Tribuna di S. Maria delle Grazie）一睹達文西《最後的晚餐》（Last Supper）真跡，一定能為米蘭之旅畫上驚艷的句號！

　　米蘭的時尚流行與經典質感，可說是融匯得相當巧妙，戀人們的蜜月假期來到此地，一定能充分感受時尚之都的魅力風情以及悠哉游哉的生活方式！

關於旅行

米蘭市內交通發達，可以利用火車以及公車，此外米蘭全年天氣較為溫暖，夏季炎熱，7、8 月時氣溫可達攝氏 30 度以上；冬天寒冷，12 至 1 月氣溫則降至攝氏 -2 至 -7 度左右。

亙古不變的愛戀

威羅娜 & 色謬古城堡
Verona & Sirmione

在此處停留

羅密歐與茱麗葉的愛情向來為人所津津樂道，來到此處參訪茱麗葉的家，撫摸她的雕像的右胸，以祈求完美的愛情，而鄰近的色謬古城相當適合拍攝婚紗，可以在此度過兩人專屬的浪漫時光。

來到羅密歐與茱麗葉見面的陽台下，

你訴說著永遠不變的誓言，

而我站在陽台之上深情凝視著你，

希望時光就停留在這最美的一刻。

最富有羅馬氣息的城市

　　威羅娜，又譯為「威洛納」，義大利最古老、最美
麗的城市之一，拉丁語的意思為「最高雅的城市」，位
於阿迪西河畔，是義大利鐵路、公路的主要樞紐，陸空
軍事基地，工商發達，許多果農葡萄酒展，出產特殊大
理石著稱，有義大利北大門戶之稱，從古至今它是中歐
和北歐諸國進出義大利的隘口，於西元 1979 年被聯合國
教科文組織列入世界文化遺產名單。

　　古城市中心最主要區域為「普奧廣場」，中央有一
座青銅像，是義大利國王加里波利艾曼紐二世的騎馬英
姿。東面入口處有一棟白色莊嚴的文藝復興式建築，名
為古托雷機關，為過去的軍事法庭，現改為重要會議及
展覽之用；北面一角還有座「巴倍力大廈」為現在威羅
娜的市政廳。而來威羅娜參觀絕對不可以錯過「阿蕾娜

市政廳巴倍力大廈

阿蕾娜圓形劇場

圓形劇場」，座落在普奧廣場上西面，長 153 米寬 123 米高 30 米的橢圓形劇場，外觀有 72 座拱門，可以容納 25000 人，建於公元一世紀初期的圓形劇場，它是歐洲四大名作——但丁的《神曲》（Divina Commedia）中部分的故事場景。

　　威羅娜可以說是羅馬帝國中最像羅馬的城市，由古羅馬圓形劇場就能看出，此圓形劇場為現在僅存古羅馬圓形劇場中第六大的劇場，也是目前被專家評選為保存最好的三座圓形劇場之一。雖然大部分的競技場目前已毀損而無法使用，不過目前威羅娜的圓形劇場從西元 1913 年起改為露天大型表演場地，甚至會舉辦市長演說或運動會，相當受到當地民眾歡迎。

朱麗葉之家的陽台　　　　　　　　　　　　　朱麗葉青銅像

遊客必備的兩種拍照姿勢

　　來到威羅娜，「茱麗葉之家」是另一個必到之處，拜
訪此處，有兩種必備的拍照姿勢，其一是女主角來到陽
台上，男主角站在陽台下，模仿當時雙方天雷勾動地
火、一見鍾情的場景。其二是與茱麗葉青銅像合影，有
一個特別姿勢：被照者的手抓住茱麗葉右胸，所以不難
發現整個古銅色青銅像，唯獨右胸部分亮得發金（現在
甚至連左胸都亮了起來），即為此故。據說只要撫摸茱
麗葉銅像的右胸，就可以得到浪漫愛情，倘若有機會來
此，千萬不要忘了與茱麗葉合影喔！

絕美的婚紗聖地／色謬古城

距離威羅娜車程 30 分鐘的色謬古城，在西元 13 世紀時是史卡利家族的古堡，現在義大利的影視紅星都擁有別墅在此。這裡有沙灘、城堡、溫泉、古蹟廢墟以及高山斷崖，非常適合婚紗拍攝，尤其是來到古城一路沿著加達湖畔，伴隨著萊姆的香氣，給人心曠神怡的感覺。

所有偉大的愛情故事都有令人歌頌的必要，威羅娜的傳奇愛情經典——羅密歐與茱麗葉的故事就是如此，來到威羅娜走訪故事背景地之後，還可以順遊到附近的色謬古城，不管是開車或者是選擇快艇環遊，都是很浪漫的方式，讓兩人完全沉浸在蜜月世界中。

關於旅行

想到茱麗葉的故鄉，從威尼斯或是米蘭都有火車可以搭到威羅娜，之後轉搭巴士 11、12、13、72 號可以抵達市中心的布拉廣場（Piazza Bra）。建議搭巴士進入舊城之後，以漫步的方式會是最好的方式。

{ 西班牙 SPAIN }

巴塞隆納、托雷多、陽光海岸、塞維亞、
哥多巴、塞哥維亞

語　　　言｜西班牙語
氣　　　候｜地形多山。地中海式氣候，陽光充足，春秋
　　　　　　多雨，年平均降水 500 ～ 1500 毫米。
貨　　　幣｜歐元（EUR）
簽　　　證｜免簽
時　　　區｜台灣時刻－7（3～9月＝6）
電　　　力｜230V，50Hz，雙圓頭型插頭及插座
國 際 區 碼｜34

陽光海岸藝術建築之城
巴塞隆納 Barcelona

在此處停留

巴塞隆納是一座充滿活力的城市，充滿魅力的建築，熱情的人們以及佛朗明哥舞，還有蘭布拉斯大道（Las Ramblas）曾經被命名為世界上最美麗的街道，這些藝術風情將巴塞隆納裝點得更為動人。

兼具日夜不同美景的巴塞隆納，

一個充滿樂情與活力的都市，

旅人們恣意歡笑 情人們盡情追逐，

一同感染這生生不息的泉源。

　　巴塞隆納，位於伊比利半島的東北面，緊臨地中
海，是西班牙第二大城市，也是加泰隆尼亞自治區首
府，許多行政機構均設立於此。雖然時至今日很多羅馬
時期的重要建築都已經嚴重損毀，但在著名歷史名勝區
「哥德區（Barri Gòtic）」仍可看出昔日的格狀規劃，此
外，有一部分羅馬時期殘存的城牆被集中在西元 343 年
建立的拉蘇大教堂中。

　　巴塞隆納全市共有 68 座市立公園，其中有 12 座歷
史主題公園、5 座植物主題公園，45 座市區公園和 6 座
森林公園；海岸線總長 4.5 公里，分 7 座海灘，所有海
灘均對遊客開放。巴塞隆納的摩天大樓相當多，最高的
是 157 公尺的邁普福雷塔（Torre Mapfre，又稱雙子塔）
和 154 公尺的藝術酒店（Hotel Arts），其次是西元 2005
年落成的阿格巴塔自來水公司（Torre Agbar），高 142
公尺，以子彈外型配上七彩的 LED 燈，夜景非常亮眼！

在巴塞隆納共有八棟建築物和建築群被列為世界遺產，分別是文森之家（CASA VICENS）、奎爾宮（PALAU GÜELL）、奎爾公園（PARC GÜELL）、巴尤之家（CASA BATLLÓ）、米拉之家（CASA MILÀ）、聖家堂（TEMPLE EXPIATORI DE LA SAGRADA FAMÍLIA）、加泰隆尼亞音樂廳（Palau de la Música Catalana）、聖十字聖保羅醫院（Hospital de la Santa Creu i Sant Pau）等，想要真切體驗巴塞隆納，千萬不能錯過這些偉大建築！

譬如聖家堂，建築構想來自於樹木等自然景觀的延伸，總共有 3 座門各有 4 座高塔，至今尚未完工，但朝聖的人潮仍舊絡繹不絕。至於奎爾公園，一旦走進彷彿像是進入童話故事一般，由多彩繽紛的馬賽克磁磚拼貼出一個夢幻世界，在這裡可看到巴塞隆納市民慢跑、散步，也可俯瞰整個巴塞隆納市景，新婚夫妻來此更是別有一番風味！此外，以鱗片裝飾屋頂、人形面具陽台及

聖家堂

奎爾公園

波浪型大門組成的巴尤之家，像石頭般的米拉之家，各式的多樣建築令人感受到巴塞隆納的魅力。

　　沿著格拉西亞大道（Passeig de Gràcia），最能享受巴塞隆納的熱鬧繁華，ZARA、CHANEL 等精品店、各式餐廳與商店林立，一路漫步至加泰隆尼亞廣場（Placa de Catalunya），看著成群的鴿子好不愜意。穿過廣場，繁華的蘭布拉斯大道正等著新人們，尤其是大道上的保加利亞市集一定要進去走走，全巴塞隆納最有出名的西班牙火腿及昂貴的蕃紅花，甚至許多西班牙傳統美食盡在其中，各式表演、燈紅酒綠的小酒吧，都吸引著你的目光，走到蘭布拉斯大道的盡頭是海灣區，便可以看到碧海藍天的絕佳美景！

　　當然，聞名已久的四隻貓餐廳（Els Quatre Gats）也

加泰隆尼亞國家藝術博物館

值得一探究竟，位於購物區 Portal d'angel 的一個小巷內，由著名建築師卡達法所設計，最重要的是它的第一份菜單是由當時年輕的畢卡索（Pablo Ruiz Picasso）所設計，現在內部還裝飾著許多畢卡索的作品，相當具有歷史意義！

　　巴塞隆納是一座充滿熱情活力的城市，喜愛豐富多元的人文景色的新人們可以到此感受西班牙最陽光浪漫的氣氛，並且享用有名的海鮮飯，而此處曾經在西元1992 年舉辦奧運會，也是許多運動迷喜愛的城市之一。

關於旅行

從機場可乘坐機場巴士抵達市中心的加泰隆尼亞廣場，每 15 分鐘一班，車程約 40 分鐘；或搭乘火車亦可到達聖哲火車站或加泰隆尼亞廣場。巴塞隆納的地鐵與公車系統十分密集且舒適，非常適合旅遊者運用，一般公車營業到晚上 10 點，不過有從晚上 10 點半營業到凌晨 4 點半的夜間公車，而且多達 16 個路線。
巴塞隆納的氣候屬於地中海式氣候，冬季溫暖潮濕而夏季炎熱乾燥。每年 1～2 月最冷，不過幾乎不下雪，而且日照時間很長，約到晚上 9 點鐘的天空依然明亮。

西班牙的珠寶之城

托雷多 Toledo

在此處停留

充滿歷史意味的古老小城鎮，加上金碧輝煌的多元建築，尤其各式教堂
非常多，是拍攝婚紗以及蜜月的不二場所。除了城堡之外，小巷裡的建
築也各俱特色，是一個能真正感受到古老文化與多元藝術的山城。

湛藍的天空，微風吹拂，

富麗堂皇的古城彷彿鑲上一層鍍金，

在這多元融合的城市裡，

默禱、期許，我們也能如托雷多這般的契合。

金碧輝煌的古城與
教堂映襯的絕美之都

　　托雷多，距離首都馬德里約 70 公里，從羅馬時期起即為非常重要的交通要塞。在西元 711 年時被回教佔領，西元 1085 年因為阿方索六世（Alfonso VI）的「國土復興政策」，開始了天主教的光輝時期。所以托雷多是一個融合基督、回教、猶太教的地區，在建築方面，受到回教的影響最大，這裡也是畫家艾爾葛雷哥（El Greco）最愛的城市。流經此處的大加斯河圍繞著托雷多，讓托雷多彷彿變成一個半島城市般迷人，亦是歐洲八大教堂景點之一。

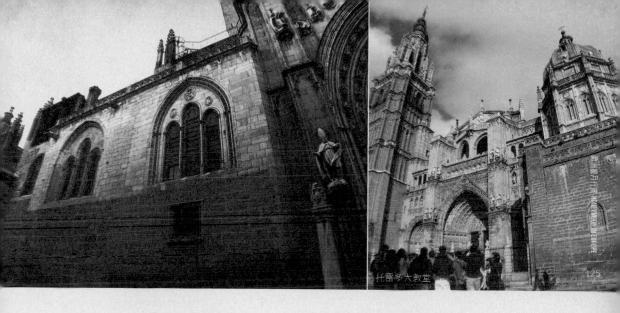

托雷多大教堂

　　西班牙人常說如果塞哥維亞（Segovia）是西班牙的珠寶盒；托雷多就是那珠寶盒裡的珠寶。來到托雷多，最有名的建築可以說是托雷多大教堂（Catedral de Toledo），裡面有22個禮拜小堂，70座羅馬式的圓頂，88個希臘大柱以及750片彩繪玻璃。不僅是西班牙天主教的中心，也是一座擁有豐富的雕刻裝飾藝術的作品，是目前西班牙首席紅衣大主教的駐地。西元6世紀時，它是哥德人的宗教聖殿，西元9世紀時摩爾人將它改為伊斯蘭寺廟，而在西元1224年又變成了天主教堂。所以教堂內，融合了各種不同時代與宗教的痕跡，是相當值得一看的歷史遺跡。而教堂正門左側的希望之塔，又稱為「格拉納達塔」，高92公尺，裡面有許多珍貴的主教聖物及聖體展示台等寶物，小禮拜堂內珍藏的名畫，多得讓人驚奇，其中以艾爾葛雷哥、哥雅（Goya）及盧卡喬瓦尼的畫作最多，金碧輝煌的程度令人咋舌！

　　來到托雷多，漫步在蜿蜒的城區小徑，兩旁的紀念店大都販賣古老軍器、尤其是托雷多的手工名刀更是出名，手工鑲嵌金銀器皿及手飾作品也極為著稱，至於唐

托雷多街景

唐吉訶德之路

吉訶德相關的手工雕刻飾物也都隨處可見,特別獨樹一幟。

　　知名畫家艾爾波雷哥在此留下了非常多的創作,最有名的《奧爾加茲伯爵的葬禮》(Entierro del Conde de Orgaz),放在一間聖多美教堂供人付費欣賞,被認為是西班牙歷史上第一個偉大的畫家,在馬德里普拉多美術館則珍藏他最多的作品。當然,提到托雷多,就不能忘懷唐吉訶德(Donkey Xote),西班牙人為了緬懷他,保有了唐吉訶德之路及許多雕塑、紀念館,甚至建立唐吉訶德廣場。在拉曼查地區的原野上,仍然可以看到當時故事中的場景,譬如被他當成敵人的風車、他投宿過的

聖多美教堂

客棧以及所到過的每一村落等等，讓往返於路途中的旅人，彷彿走入了故事的氛圍之中。

　　托雷多擁有不同風情的建築之美，不管是修道院、王宮、城牆、博物館等等，每一個地方都充滿了自己的特色。和情人手牽手一同走在古老的山城中，腳下踩的是樸質厚實的石板路，聽著遠方傳來的教堂鐘聲，想像千百年前的戰爭歷史，反而有一種寧靜的感受呢！

唐吉訶德雕塑

關於旅行

前往托雷多，可以從馬德里（Madrid）搭乘巴士，約耗時75分鐘。在托雷多，只要看到「i」標示，即為觀光資訊導覽，不僅可以提供每免費地圖，還有諮詢服務。一般博物館以及教堂都需要門票，票價約 2～6 歐元之間。此外，多數博物館星期一休館，出發之前事先確認為佳。

無限美好的太陽海岸
陽光海岸
Torremolinos

在此處停留

不需來到希臘，也能感受陽光海岸由藍色與白色構築成的美景，氣候絕佳，
一年四季都適合來此度假，尤其是蜜月時前來，更能享受一段不受打擾又充
滿閒情逸致的兩人時光。

藍天、白色古堡、金色陽光，

這海天一色的絕對美景，

在你我彼此凝望的眼中、心中，

寫下互古不變的愛戀。

鬥牛士的故鄉／隆達

　　西班牙的陽光海岸，由於地近大西洋，一年有超過
300 天的陽光，一片藍與白的美景，有點希臘的感覺。
在這長達 300 公哩的沿海地區，由 3 個省組成，分別是
卡邦斯、馬拉加以及格拉納達。其中，最古老的城市是
位於馬拉加省的隆達（Ronda），對隆達來說，鬥牛是非
常重要的歷史與傳統，現在仍保存著西班牙最古老的鬥
牛場之一，可容納 5000 人，至今已有 200 多年的歷史，而
西班牙現今的鬥牛方式也是從這座鬥牛場誕生。目前每
年五月至十月的星期日下午才有舉辦鬥牛賽，而平日依
然可以購票入內，參觀鬥牛博物館。

在隆達，除了參觀鬥牛場，也不能錯過被瓜達幾
維河（Guadalquivir）切割出新舊兩城的高山縱谷，號
稱陽光海岸上最美的景觀。此峽谷高約 100 米，新舊
兩城崖壁上架有一條由巨大花崗岩塊所搭建的石橋名為
「新橋」，由上往下眺望，一邊是一望無際的安達魯西
亞（Andalucía）的高原，一邊是古老的羅馬古遺址，隨
縱谷一路盤桓而下，順著山道可以看到一座帶有巴洛克
風味的羅馬拱門，名為「菲利浦五世之門」，建於西元
1741 年，外觀相當華麗

至於位在菲利浦五世之門一旁的莎爾瓦提拉爵宮
（Palacio del Marques de Salvatierra），也是具有隆達風

格的文藝復興風格建築，裡面有巴洛克式小禮拜堂、餐
廳等等，擁有非常多珍貴收藏品。旁邊散佈許多古老的
阿拉伯浴場遺蹟，穿過河道旁邊的羅馬石橋，即可沿古
道一路爬坡回到隆達的新城區。

隆達晨古老的鬥牛場

感受畢卡索的藝術氣息／馬拉加

馬拉加（Málaga），位於西班牙南部，陽光海岸的首府，西班牙第二大港。說到馬拉加，絕對不能忽略它是畢卡索的故居，這裡有畢卡索博物館，喜愛美術的人不妨前來參觀。馬拉加被群山和兩條注入地中海的河流所環抱，天然的美景讓它成為和現代港口城市最與眾不同的地方，更是陽光海岸的對外門戶，觀光客的血拼之地，各類型購物中心、現代化高樓大廈以及人文藝術中心，相當受到觀光客喜愛。

馬拉加和其他西班牙城鎮一樣，有著多元融合的歷史風貌，其中直布法洛城（Castillo de Gibralfaro）則是著名代表，以阿拉伯城堡搭配希臘人的燈塔著稱，它曾是腓尼基人的宮殿，之後被改建為回教城堡，14世紀後整建為軍事博物館。登上此堡可以將馬拉加得海港與城市一覽無遺，讓人心曠神怡。

白與藍的城市／
百花巷的美麗小山城

米哈斯（Mijas）是陽光海岸上最美麗的白色山城，所謂的白色山城是指回教摩爾人以灰泥將外牆漆成白色，搭配斜坡、窄街、紅花所建成的依山面海的小鎮。Mijas 在西班牙文裡，即為驢子之意，整個山城都以騎驢為代步工具，情人們也可以搭乘驢子計程車，相當有趣！

米哈斯

著名景點如聖母壇、百花巷、憲法廣場以及一座西班牙
最小的鬥牛場，麻雀雖小但五臟俱全，至今都還有舉辦
鬥牛活動。至於西班牙最著名的百花巷即在此，沿坡巷
一路垂直向半山延展，搭配白牆、紅花加上藍天陽光，顏
色層次之美，充分混搭，是明信片最常出現的場景。

米哈斯的百花巷

西班牙最純淨最迷人的陽光海岸，擁有與其他地區
不同的城市印象，不管是曾經拍攝過知名汽車廣告的隆
達，或者是擁有白色山城美譽的米哈斯，或者是畢卡索
的故鄉馬拉加，都是值得前往感受蜜月氣氛的小城鎮，來
到這個四季風光明媚的地區拍攝婚紗照，想必也是永生
難忘的吧！

關於旅行

想到隆達，可以從塞維亞或馬貝拉搭火車，之後以漫步方式欣賞城市風光，別有一番感覺。目前
也有便宜的包機往返於馬拉加和阿姆斯特丹及倫敦之間，所以來馬拉加享受絕美的陽光海岸美景
是相當不錯且便利的選擇。由於這兩處是歐洲人的度假勝地，因此夏季遊客眾多，如果想稍微避
開人潮，其他季節是不錯的選擇。

白色山城裡的一杯午後咖啡，讓人忘卻所有的煩擾

挑動熱情的感官

塞維亞 Sevilla

在此處停留

這是一個充滿吉普賽風情的都市，不僅擁有皇宮、教堂、鐘塔，甚至還有運河和皇室花園等不同風貌，尤其一邊觀賞熱情如火的「佛朗明哥舞（Flamenco）」，一邊享用著名的「雪莉酒（Sherry）」，讓情人之間的熱情迅速攀升！

熱情如火的佛朗明哥舞，

恣意的揮汗、旋轉、再旋轉，

在這座充滿歷史的古城中，

深切呼喚著你我最熾熱的愛戀。

與富麗堂皇的
奢華建築一同沉溺在愛河中

塞維亞，位於西班牙西南部，是西班牙的第四大城，來自西班牙文「天使」之意，盛產葡萄酒、柑橘及橄欖油聞名，過去曾是西班牙及美洲的貿易中心，也曾經是回教帝國的首都，加上佛拉明哥舞劇和西班牙鬥牛，整體散發著無限的熱情。

來到這裡，一定要參觀阿卡乍堡（Real Alcázar de Sevilla），它是西班牙最具代表性的回教宮殿之一，建於西元 9 世紀，內有哥倫布發現新大陸的聖母瑪利亞號模型、〈航海師聖母〉的祭壇畫及〈卡洛斯五世征服突尼斯〉的錦壁畫。

塞維亞大教堂（Catedral de Santa María de la Sede）是塞維亞最重要的地標，建於西元 1402 ～ 1506 年，是西班牙重要的朝聖地，是歐洲八大教堂中排名第七的大教

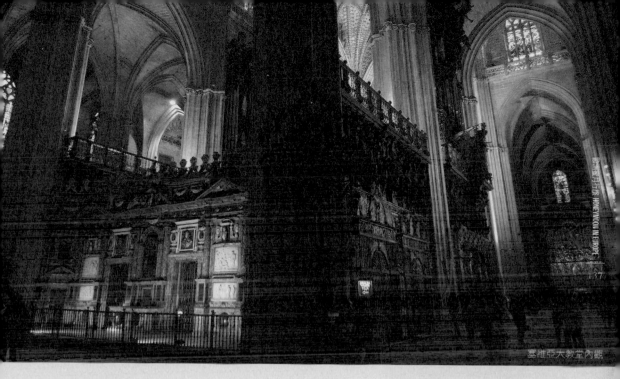

137

塞維亞大教堂內觀

堂，還是哥德式典型的第三大教堂。西元 1492 年發現新大陸的哥倫布（Cristoforo Colombo），死後的靈柩安置於其內，而哥倫布的棺柩，分別由西班牙的四大國王：卡斯蒂爾王、萊昂王、亞拉崗王及那巴拉王共同將騰空而葬的哥倫布扛起，景觀相當特別。

塞維亞大教堂

教堂旁的希拉達塔（La Giradlda），高度 98 公尺，是全城最高的建築，建於西元 12 世紀。其上方有 25 口銅鐘，每隔固定時刻鐘聲齊鳴。雖然希拉達塔的風格和大教堂不同，但是精緻的浮雕設計相當美麗，尤其頂端是一座手持君士坦丁棋子的女子雕像，是一個風向器，相當具有特色，攀上燈塔可以眺望塞維亞的美景，同時享受登高望遠的舒暢感。

來到這裡也不能錯過「瑪麗亞露意莎公園」，西元 1893 年時，瑪麗亞露意莎王妃捐出佩德羅皇宮部份的土

西班牙廣場

地，建立了這座公園，現在除了是市民休憩的場所，還
曾經在地舉辦過 1929 年的拉丁美洲世博會以及 1992 年
的世界萬國博覽會。其中西班牙廣場（Plaza de España）
便是博覽會所遺留下的壯觀建築，此半圓形的廣場直徑
200 公尺，共以四十四個禮拜堂代表西班牙的四十四個
王國的歷史興衰，還有貼滿西班牙歷史與地圖的彩色瓷
磚椅，是個既能豐富視覺又可令人放鬆心情的地方。

　　塞維亞的鬥牛場也是西班牙最古老的鬥牛場地，建
於西元 18 世紀，其中一個入口的「王子門」便是西元
1984 年導演 Francesco Ros 所拍攝電影版《卡門》的所
在地，此處也變成電影迷的朝聖之地。對面則是摩爾人
時期相當有名的黃金之塔，建於西元 1220 年，隔著瓜
達幾維河與對面的銀之塔相互輝映，彷彿兩位全身分別
穿著金裝、銀裝盔甲的聖戰武士，矗立在塞維亞的入口

鬥牛場

佛朗明哥舞

般，金光閃閃，特別耀眼！

　　每年四月份，是最熱鬧的佛朗明哥舞的盛季，男男女女老老少少，全部群聚於此，男著佛朗明哥牛仔勁裝騎馬入城、女穿多層次波浪魚尾裙裝手持響板及扇子，大跳佛朗明哥舞蹈，從白天狂歡至深夜，從黑夜跳舞到天明，長達七天之久。

　　塞維亞的佛朗明哥氣氛就像火一樣，讓人感受到愛情的激昂熱烈，蜜月來此彷彿可以讓感情更加升溫；如果是稍微斯文型的情侶，也可以選擇享受另一種蜜月方式，像是在西班牙廣場前的河上划船，一邊欣賞瑪麗亞露意莎公園的美麗景致，都是只羨鴛鴦不羨仙的悠閒。

關於旅行

從馬德里的阿多查站可以搭火車前往塞維亞，車次頻繁，車程約 2 小時，到車站之後有 C1 巴士可以搭到市中心。塞維亞夏季高溫高達 40 度，因此春秋較適合前往旅遊。

魅 力 獨 具 的 塞 維 亞

充滿回教氛圍的小城
哥多巴 Cordoba

在此處停留

充滿回教風情的哥多巴，在此可以參觀非常壯觀的清真寺，兼具天主教和回教風格的建築，充滿華麗氛圍。

交織著奢華與寧靜氛圍的小城，

穿梭在充滿異國情趣的小巷中，

滿是各式花卉的美麗石牆，

讓彼此的心情也跟著飛揚。

　　哥多巴，又譯為「哥多華」，位於瓜達幾維河畔，是一個多元文化的都市，可以看到回教、猶太教及天主教遺跡，相互融合成一個美麗的城市。

　　哥多巴現擁有約 30 萬人口，回教徒在西元 711 年征服了伊比利半島，西元 929 年時，由摩爾王拉夫曼三世發表「卡利夫宣言」，曾經在此建立一個超過 100 萬人口的回教城市，哥多巴正式進入歷史上最輝煌的時期，為了與君士坦丁堡、大馬士革及巴格達一較長短，陸續建造了 300 多座清真寺以及數不清的宮殿與公共建築。當時哥多巴還擁有數百間的公共大浴場，而且成立一所大學，舉凡文學、醫學及藝術等，發展得相當繁榮，融合了多種不同民族的文化，建造出一個強大的回教帝國，當時哥多華的人口遠超過羅馬。

清真寺大教堂內部

　　西元 8 世紀伍麥葉王朝的阿布杜·拉夫曼一世，決定在西歌德人遺址的教堂，再造一個宏偉的清真寺，此清真寺大教堂的主要建築工程長達近 300 年，直至 10 世紀拉夫曼三世，歷經 4 個階段才建造完成，佔地 24,000 平方公尺，內部支撐用的 850 根大柱，以花崗岩、瑪瑙、碧玉及大理石所組成。

　　清真寺最壯觀的莫過於融合希臘、羅馬、埃及和希特哥式的圓柱和迴廊，整個會堂均是由一系列紅白相間的磚塊作為裝飾，在會堂的自然光線下，整體光影效果十分震撼，讓人感覺莊嚴安詳。內部約可容納 25,000 人，入口共有七座，象徵回教人崇高的「七重天」之意，它是繼麥加、摩洛哥後全世界排名第三大的清真寺。入口中庭種滿了橘子樹及一座水泉，是回教徒典型橘園的擺設，分別有九扇門可以進入此庭園，庭園中以「阿米納爾塔」、「修羅門」及「贖罪門」最為有名，其中「贖罪門」乃建於西元 14 世紀，以紅白兩色雙層石拱搭建成，據説凡通過此門的信徒，其罪將得以赦免！

清真寺大教堂內部

　　西元 13 世紀在費迪南三世的統治下，哥多巴的大清真寺被改造成大教堂，同時增建了新的防禦建築，其中以阿爾卡薩花園及阿米納爾塔最著名。更特別的是，這座宏偉的清真寺內，其中心還有一座於西元 16 世紀由卡洛斯五世所加建完成的天主教教堂，主要乃當時基督徒西班牙王卡洛斯五世來此，見到如此壯觀的清真寺時，為了炫耀基督教的榮耀更盛於回教，決定在清真寺內加建天主教教堂，內部相當精緻，此清真寺內部尚有祭壇珍寶室，42 座精緻的禮拜小堂及西元 6 世紀前的古羅馬地層遺蹟等，非常值得細細品味。

　　整個哥多巴，是一個散發歷史氛圍的小城，在西元 1984 被列為世界文化遺產。如以清真寺為中心，附近尚有許多可以參覽之處，譬如猶太區的百花巷，保有西班牙所剩無幾的猶太教堂和回教大學遺址。此外，充滿藝術氣息的美術博物館和胡利歐羅梅洛塔博物館，也千萬不能錯過！如果想要一窺哥多巴的全景風貌，可以到瓜達幾維河的羅馬橋，橋上由 16 個羅馬式拱門所組成，長

羅馬橋

百花巷

約 230 公尺。這座奠基於羅馬時期的橋，上面有聖拉斐耶羅的雕像，旁邊滴滿燃燒後的蠟油，傍晚黃昏當橋上路燈點起，非常美麗。

　　來到哥多巴，最美好的季節是春季，每逢春暖花開，就有相當熱鬧的哥多巴庭園節，哥多巴庭園節約在每年 5 月中旬舉辦，由於春末夏初時氣候溫和，花草綻放得相當美麗，與情人漫步於小巷弄中，別有一番風情。尤其受阿拉伯摩爾式建築的影響，哥多巴的住家相當重視庭院設計，不僅種植著各式美麗花草，甚至會有小噴泉或是造景，每到庭園節時，有些美麗的私人庭院會開放參觀，是一個擁有多款文化風情的美麗城市！

關於旅行

如果想要前往哥多巴，可由馬德里的阿多查站搭火車，班次密集，到了哥多巴之後再搭乘巴士到市中心，約耗時 10 分鐘。哥多巴有發行參觀的聯合票卷，有興趣的話在任一景點的購票窗口都能詢問。至於若是對庭園節有興趣的人，可以到大清真寺旁的旅遊服務中心，索取參賽戶的地圖，按照地圖配合開放時間，尋幽訪勝一番。

白雪公主的夢幻之堡

塞哥維亞
Segovia

在此處停留

非常適合戀人前往的塞哥維亞
城堡，可以充分感受到童話故
事般的夢幻美好，此外，令人
食指大動的烤乳豬，也是不容
錯過的選擇喔！

白雪公主的城堡是許多男女的夢幻場景，

塞哥維亞有一座從故事書裡走出來的古堡，

多少遊客藉此滿足了自身的王子公主情懷，

而古堡仍千百年如一日，依舊等著美麗的故事上演。

白雪公主的故事，是所有女性的夢想，而在白雪公主故事中出現的城堡，就位在西班牙的塞哥維亞。此城占地 700 平方公里，人口約 6 萬，海拔高度約 1000 公尺，保存了許多古羅馬完整的建築。

循著巷道，穿過聖埃斯特本教堂（Iglesia de San Esteban）一直來到市政廳，再穿越貴婦大教堂來到懸崖，即可看見白雪公主所居住的夢幻城堡──阿卡乍堡，尖塔與圓頂構築而成的城堡，宏偉華麗卻又多了一絲浪漫的氛圍。不過，其實在城堡中也有真實的愛情故事上演，據說當時菲利浦二世將這座城堡整修完成，當成禮物送給安妮皇后，這一份真心與用心是不是也相當令人感動！

阿卡乍堡

　　西元 16 ～ 18 世紀間，因為戰爭的關係，城堡一度淪為監獄，一直到西元 1764 年才改為皇家火砲學院，只可惜在西元 1862 年時發生大火，燒毀了城堡的大部分主結構，後來花了整整 20 年才重新改建為現在的外觀。所幸保留了 16 世紀所建造的羅馬式拱橋在防禦護城河上面，所以現在才可以依然看到這座經典而宏偉的羅馬拱橋。

　　現今的古堡已不再是單純的古堡，內部改成一座博物館，擺設了西元 8 ～ 12 世紀裡 52 位執政國王的簡史，並展示中古世紀的各式武器、盔甲。內部有許多間設計豪華的廳堂，譬如國王大廳、加冕廳等等等，而且

古羅馬水道橋

塞哥維亞主教大教堂

是開放大眾參觀的。此外，前來蜜月旅行的戀人，可以登上整座城堡的高塔，眺望整個塞哥維亞舊城的景觀與周邊綠油油的平原風景，享受自然景致對心靈的撞擊！

在塞哥維亞，還有一座非常值得前來觀賞的古蹟——塞哥維亞的古羅馬水道橋，建於西元前 80 年，完工於 1 世紀末期，以當地瓜達馬拉山的花崗岩作為石材。這是一座為兩層羅馬式拱橋，全長 800 公尺，石橋最高高度為 28.8 公尺，最矮的部份為 7 公尺，共有 167 座羅馬式拱門，透過精密的力學計算原理，以堆積石材方式建造。西元 1489 年，引進 17 公里外的艾瑞莎河河水，也是現今歐洲保存最完善的古羅馬水道橋建築之一。

此外，位於舊城內的馬約廣場（Plaza Mayor）的塞哥維亞主教大教堂，建於西元 1298 年，西元 1525 年時由西班牙國王卡洛斯五世重建，由建築師胡安及其子所完成，哥德式尖塔高 88 公尺，有「貴婦大教堂」之美稱。與西班牙布爾格斯、薩拉貢加並稱西班牙三座最漂亮的哥德式教堂，裡面並放置了唐‧迪亞哥大主教的靈柩。塞哥維亞主教大教堂是歐洲晚期建造的哥德式教堂，在當時已經流行起文藝復興建築形式的歐洲大環境裡有其特殊的意義。

青婦大教堂

莫哥維亞的市政廳廣場

香酥乳豬／新奇的用餐體驗

　　來到塞哥維亞，絕對不能錯過當地美食，其中最為
人津津樂道的莫過於「烤乳豬」，以古老手法將一個月
大的小乳豬煙燻窯烤，不僅香氣撲鼻，肉汁鮮嫩、入口
即化，重要的是乳豬外皮酥脆，毫不油膩，簡直人間美
味！更有趣的是，過程中的「乳豬秀」也相當精采，當
乳豬送上桌，服務人員會在脆皮上點火，並以瓷盤作
刀，當它劃破酥脆的乳豬皮，清脆的聲音令人食指大
動，最後服務人員會將瓷盤往地上一摔，以證明其如假
包換！

　　造訪古城塞哥維亞，所到之處皆為古蹟，一旦到了
市中心廣場，周遭又是現代化商店、咖啡館林立，彷彿
擁有歷史痕跡的古蹟與現代化建築意外融合於此，在戀
人心中留下難以抹滅的珍貴記憶！

關於旅行

來到西班牙，最需要注意的是西班牙的時間觀。在西班牙，早上是 8：00 ～ 14：00，從 14：
00 ～ 22：00 都是下午，因為在西班牙，到 22：00 的時候都尚未日落。因此，西班牙的三餐
時間相當特別，早餐在 8：00 ～ 10：00，一般都只是簡單的喝杯咖啡、吃個麵包，午餐對西
班牙人是正餐，所以從 14：00 ～ 17：00 都是午餐時間，晚餐則是 21：00 ～ 24：00。此外，
西班牙一般的商業時間是從 10：00 ～ 20：00，想要外出逛街的情侶，一定要注意！

葡萄牙
PORTUGAL

| 歐比杜斯

語　　言｜葡萄牙語
氣　　候｜南部為地中海型氣候區，冬季溫和多雨，
　　　　　夏季炎熱乾燥；北部沿海屬溫帶海洋性氣
　　　　　候，夏季多西北風，比較涼爽。
貨　　幣｜歐元（EUR）
簽　　證｜免簽
時　　區｜台灣時刻－7
電　　力｜230V，50Hz，雙圓頭型插頭及插座
國際區碼｜351

葡萄牙最美的婚紗小鎮

歐比杜斯 Obidos

在此處停留

這裡是非常適合拍婚紗與度蜜月的地方，小鎮相當寧靜而優美，而且是全歐洲最靠近大西洋的海峽，西元 14～15 世紀的美麗建築搭配七彩青花瓷磚，新婚夫妻一起牽手走在漫步於城中小徑，特別有一番滋味。

蜿蜒而上的鵝卵石小路，

兩旁開滿美麗的小花，

在美得像是童話般的城市裡，

我們許下相守一世的永恆誓言。

充滿詩意的白色婚禮之城

　　歐比杜斯，位於里斯（Lisboa）本北邊約 100 公里處，位處海拔 80 米依山傍海而建的小城，西元前 308 年就已經有人居住。13 世紀時，皇后伊莎貝拉來到此處，初見此城非常歡喜，認為歐比杜斯就像珍珠一樣鑲在大西洋岸邊而愛不釋手。於是國王阿方索二世將這城市送給皇后，當作為結婚禮物。因為這一層緣故，此城又號稱「白色婚禮之城」，又有「山谷間的珍珠」之稱。

　　此後歐比杜斯一直成為葡萄牙皇后的受封土地，所有的皇后們從中世紀至 16 世紀之間，一直以自己的法律管理這裡。在 14 世紀時，國王費南度一世還曾大力修復過山頂上的城堡。直到西元 1833 年為止，這裡仍奉行皇后的命令，因此也有人稱這裡為「皇后的村落」。很多皇室人士，甚至都選擇於此渡過晚年，從此歐比杜斯就成為葡萄牙呈現寧靜和童話般的象徵。

　　遠處坡頂，國王送給愛妻的城堡悄悄隱身於萬綠叢中，這裡的一切可愛得讓人不得不欽羨這段浪漫的愛情故事。

　　從歐杜比斯前城門進入，穿過有 700 多年歷史的城門，好像電影《納尼亞傳奇》（The Chronicles of Narnia）故事般的情節一樣，四位主角瞬間進入到一個中古奇幻的境界，迎接我們的是用青花瓷磚裝飾的城廳。走出城廳、美麗的鵝卵石小徑迎面而來，左上方小路是城內主道，兩側一間又一間的手工商店超吸睛，眼花撩亂的程度，只可意會無法言喻，慢慢走約 15 ～ 20 分鐘，就能抵達坡頂的古堡。

　　小路兩側座落著許多可愛的小房子，房子的下牆多以白漆為底，房子的上牆部份大都漆上鮮艷的色彩，有黃的，也有藍的。據當地說法是為了區分房屋產權的邊界因而在邊牆漆上顏色！牆上窗邊不是種了翠綠的九重

葛，就是紅白相間的小花，路邊偶爾會搭起幾支遮陽
傘，放上幾把小木椅小木桌，就是一間可愛的路邊餐廳
或咖啡酒吧，讓旅客們恨不得立刻停下腳步。

漫步童話中的美麗小鎮

　　穿越歐杜比斯城鎮大門即是美麗街景，門廊上鑲飾
著美麗的七彩拼花瓷磚，登上高達 13 公尺的城牆，可以
拍攝到小城與大海全景。走上城牆，從城牆往城裡看，就
是一座座紅瓦白牆七彩拼花的屋樑鋪成的小屋，因為牆
上的行人通道窄小，有些位置只容得一個人經過，驚險
之處就是沒有欄杆，稍一不慎，或有強風吹過，都有摔
下城牆的危險，要特別注意。由城牆往外看，如有豁然
開朗的胸懷，面對那廣漠的田野，遠眺那零星的小屋，觀
望那遠處的大海，遼闊的景致叫人心曠神怡。

　　沿著迪雷達大街（Rua Direita）走可以到達聖瑪利
亞廣場（Praca de Santa Maria），廣場對面即是聖瑪麗亞
教堂（St. Maria Church），附近也有兼具巴洛克和文藝
復興風格的仁慈教堂，和純巴洛克風格的聖貝德羅教堂
（San Pedro）可以參觀。城堡邊的聖瑪麗亞教堂曾是 10
歲國王阿方索五世迎娶 9 歲表妹依莎貝爾公主的婚禮所
在地，教堂內部置有 17 世紀有名的彩繪瓷磚教堂，充滿
文藝復興時期的美感。

葡萄牙人誠實的象徵／七彩花公雞

　　歐比杜斯不大，但確是一個相當美麗的城市，來到
這裡，可以買著名的「花公雞」，分別有黑白紅黃藍五
種色彩，有帶來好運的寓意。葡萄牙人相信若把公雞畫
飾掛在家中大門或者屋內，隨時可以帶來好運，同時也

巷道即景

關於花公雞的擺設

代表誠實、信任、清廉與榮耀。在葡萄牙人的生活裡，花公雞可以當作畫飾；可以當作裝飾；也可以當做擺飾，在建築物表面的外牆、屋頂、書本、畫家畫作皆可看到，甚至在商店玻璃上或房舍外牆上也可以看到花公雞的圖案，這主要告訴客人，這家商店是信用良好、童叟無欺、絕對誠實，可以讓客戶安心的商店，這是一項挺有趣的當地民情！

歐比杜斯沒有工業區，居民以旅遊業為生。就在歐比杜斯主要大街 Rua Direita 上，滿街都是賣櫻桃酒及波特酒的酒鋪。此外，售賣紀念品的店鋪林立，以航海飾品、手工做的青花瓷器及葡萄牙人最鍾愛的吉祥物——花公雞最多！在這裡，也不妨買一張有美麗風景的明信片寄給對方，約半個月就能收到，還能喚起當時的甜蜜情景！

歐杜比斯，美得就像是從童話故事中冒出來的一個小鎮，鵝卵石的小路、兩旁盛開的白色小花、色彩鮮豔房子裡的窗台裝飾著美麗小花。彎曲的小路一路蔓延至山上的城堡，兩旁都是特色小店，新婚夫妻在這裡牽手漫遊，隨意取景照相都相當美麗。

關於旅行

歐杜比斯天氣相當好，由里斯本到歐杜比斯有直達巴士，每天有五班，費時 75 分鐘。星期天巴士班次較少，到里斯本的火車每天有七班，費時 2 小時，但要在 Cacem 轉車。

德國
GERMANY

| 新天鵝堡 · 黑森林 · 海德堡

語　　　言	德語
氣　　　候	德國西北部為溫帶海洋性氣候，往東部和南部逐漸過渡成溫帶大陸性氣候，氣候多變，盛行西風。
貨　－　幣	歐元（EUR）
簽　　　證	免簽
時　　　區	台灣時刻－7（3～9月－6）
電　　　力	230V，50Hz，雙圓頭型插頭及插座
國際區碼	49

歐洲最美的童話世界

新天鵝堡

Schloss Neuschwanstein

在此處停留

德國的這三座城堡，尤其是新天鵝堡，可以說是歐洲最美的城堡，來到這裡，彷彿進入迪士尼的童話世界般，以七彩鵝卵石建築而成的城堡，錯過實在可惜！

一個醉心於浪漫主義的國王，

三座極盡奢華之能事的城堡，

它是迪士尼樂園的城堡版本，

也是全世界人們的絕對夢幻。

　　德國巴伐利亞王朝的路德維希二世（King Ludwig
II.）從少年時期就對中古世紀的懷抱憧憬，尤其是 15 歲
那年，看到他在宮廷劇場所表演由浪漫主義的音樂巨匠
華格納（Wagner）的羅安格林（Lohengrin）後，更是
無法自拔，從此而成為瘋狂的華格納迷。

　　而喜歡阿爾卑斯山麓的路德維希二世，為了完成華
格納與其的浪漫主義，於是把這股對浪漫主義的思緒轉
化在夢幻城堡的建築之上，採用艾森那哈（Eisenach）
的瓦特堡（Wartburg）、紐倫堡（Nürnberg）的凱撒堡
（Kaiserburg）、巴黎近郊的皮艾楓城為設計原圖，建造
了歐洲一座最漂亮的城堡——新天鵝堡。路德維希二世
把一生所有的精力，都用在建築三座夢幻城堡上面，成
為今日德國炫目的中古世紀風情古堡。

第一座　新天鵝堡
（Schloss Neuschwanstein）

　　新天鵝堡建於西元 1866 年，後於 1833 年完工。用
七彩的鵝卵石搭配白色大理石築成，當時還大費周章地
用馬車拉到泰克爾貝克山，由舞台設計師楊克擔任建築
師，配合國王的設計，建造了一座童話故事之中睡美人
般的城堡，蓋在山崖峭壁中，可以說是歐洲最漂亮的夢
幻城堡。歷經 17 年的修築約完成 80%，費用約 620 萬
馬克，約當時的 65 億台幣。

第二座　林登霍夫堡（Linderhof）

　　林登霍夫堡建於西元 1871 年，後於 1876 年完工。

號稱「金色城堡」，是路德維希二世的狩獵行宮，距離
楚格峰（Zugspitze）只有 20 多公里，仿凡爾賽宮內的提
亞儂宮所建造。內部只有十幾個裝設華麗的房間，但壁
毯、雕像、劃作的擺飾卻極盡奢華之能事，城堡四周的
花園更是根據華格納的歌劇而設計的。

第三座 海倫希姆湖宮
（Schloss Herrenchiemsee）

海希姆湖宮建於西元 1876 年，後於 1866 年完工。
位於國王湖上的男士島，整個設計是模仿凡爾賽宮建
造，共花費了 2 億馬克，約當時台幣 200 億。在國王生
前這座城堡並未完工，路德維希二世過世後，便中斷了
建造。整體來說，最讓人懷念的是號稱全歐洲，也是全

世界最漂亮的夢幻城堡——新天鵝堡。

　　如果有機會來到德國一遊時，當然不容錯過羅曼蒂克大道上最南端、座落在福森鎮旁的新天鵝堡！親自造訪，你才可以深切感受到歐洲城堡的浪漫與傳奇！

關於旅行

德國的氣候多變，春天的 3 ～ 5 月期間是偏冷的天氣；夏天 6 ～ 8 月較為涼爽，只有少數幾天會較為炎熱，因此許多住家、旅館、店家內都沒有冷氣，怕熱的人要稍加忍耐；秋天 9 ～ 11 月天氣轉冷，冬天 12 ～ 2 月是寒冷的季節。全年只有 6 ～ 8 月是確定不用開暖氣的季節，也是德國旅遊的旺季。

上山可以搭乘馬車或公車，馬車上山費用約 5 歐元、下山費用約 3 歐元，公車來回都是 1.5 歐元。但冬天因為山道積雪所以沒有公車，徒步上山約 40 分鐘，下山約 25 分鐘，建議上山搭乘公車較準時迅速，下山可選擇漫步或搭乘馬車都是不錯選擇！

如詩如夢的 魔幻景致

一望無際的童話夢境

黑森林 Schwarzwald

在此處停留

來到黑森林,溫泉、森林、湖泊的天然美景,加上美味的海鮮與櫻桃,絕對是適合蜜月前來的都市首選,是歐洲數一數二的度假天堂。

翠綠蓊鬱的無盡森林裡，

時空彷彿靜止般，悄悄無聲。

深怕破壞這美好的寧靜，你只是笑而不語，

就像是甜在心的酒釀蛋糕一樣令人著迷。

森林中夢幻絕美的童話世界

　　黑森林指的是位於德國西南邊一片茂密孤立的大片森林，沿著萊茵河（Rhein）腹地展開，剛好位於三國邊界，是重要的地理要衝，左邊與法國為鄰，南邊則通達瑞士；因為森林茂密森黑不見天日，自西元 9 世紀起就有「黑森林」的稱號，西元 19 世紀甚至變成了知名的觀光勝地，許多皇公貴族專門遠到而來，從事滑雪、登山、健行及溫泉療養，使得今天黑森林成為歐洲最熱門的觀光旅遊渡假盛地。

　　黑森林腹地廣大，共有四個入口，分別是西北方的巴登巴登（Baden-Baden），東方的斯圖加特（Stuttgart），南邊是瑞士的巴塞爾（Basel），西南是接近法國亞爾薩斯（Alsace）的芙萊堡（Freiburg）。其中，最

特別得是黑森林南部的地獄谷道，它以迷人的風景與顯要的山勢聞名，沿著德國 B31 號公路前進或搭乘火車由芙萊堡到黑森林的多瑙興根（Donaueschingen），會沿著一條蜿蜒的險道而行，那就是德國的地獄谷道，沿途充滿鬼斧神工的景致，成為奇特的人間絕境。

地理上黑森林可分成南北兩半部，北半部為中央黑森林，此處山勢較緩有許多溫泉鎮，南半部則為高地黑森林，這裡景觀為黑森林最美的地方，有奇險的景色也有可以高山滑雪之地，還有一座黑森林的最高峰——費德峰，海拔 1493 公尺。以及還有兩座著名的高山雪湖，分別為許路赫湖及蒂蒂湖（Titisee）。

其中，蒂蒂湖堪稱黑森林最美的湖泊，彷彿一個絕美如童話般的仙境，它不僅是有名的溫泉村，湖面倒映著山光水色，景象寧靜優美，四季都有不同的風貌。

到了黑森林，當然不能錯過它聞名遐邇的美食。還有德國黑森林的冰酒與櫻桃白蘭地酒可是相當出名的飲品。當然還有說到黑森林時腦中就會浮現的黑森林蛋糕，正宗黑森林蛋糕內加了櫻桃白蘭地、櫻桃果粒，再塗上厚厚的鮮奶油，入口有濃郁的櫻桃酒香，相當受戀人喜愛。

整個黑森林四周到處都是木質骨架房舍的禮品小屋、餐館或酒店，各式德國著名的手工小禮品如泰迪熊、洋娃娃、玩具兵及符號人體工學的柏肯鞋，甚至連德國著名的雙人牌刀組奧地利施華洛斯奇的天鵝牌水晶、東歐琥珀、瑞士手錶，應有盡有，但建議不妨去參觀一個超過 500 年家族歷史名為歐拉夫杜巴的咕咕鐘手工老店，咕咕鐘是黑森林最具代表性的手工藝品，一般都是鳥或是動物的造型，不論是造型與音樂都相當多變。

黑森林擁有天然的美景以及絕佳的美食，風情浪漫無比，在流暢與輕鬆的旅行中，不妨來到此地領略南德的動人景致，感受這一份獨特的愜意與悠閒。

關於旅行

於法國法蘭克福等各大主要車站，搭乘 ICE、IC、EC 和 IR，都可抵達黑森林地區。至於要到蒂蒂湖可以搭乘傳統火車，可以看到一望無際的森林，彷彿進入童話世界一般。這裡的住宿也相當方便，在海拔 1234 公尺的地方有青年旅館，不僅價格合理，品質也相當不錯。

含蓄的巧克力之吻
海德堡 Heidelberg

在此處停留

海德堡是最足以展現德國的浪漫與舊日風采的城市，不僅可以感受它浪漫的氣氛，古堡、老橋、森林、小徑也都是它吸引人的地方。尤其站在古堡花園的前緣，由山頂上眺望整片磚紅的古城巷道、碧綠的河水、深鬱的森林，讓人有種與世無爭、心曠神怡的舒適感，那是在德國眾多城市所無法感受到的獨特氣氛。

洋溢熱情奔放的校園中，

滿是嬉笑遊鬧的年輕學子，

彷彿回到以巧克力傳情的時光，

品嚐最接近愛情的原味。

德國大學最受歡迎的人氣蜜月場地

　　海德古堡（*Heidelberger Schlosses*）建於西元 10 至
11 世紀，最初是瓦姆斯主教的城堡，在西元 1386 年，設
置海德堡大學，從此海德堡就逐漸展現其風采。海德堡
是兩次世界戰爭中，德國唯一未被戰火攻擊的工業城，許
多的盟軍統帥將領，也與海德堡大學有著深厚的情誼（如
德國山德士、隆美爾、麥帥），不忍心自己的母校遭受
砲火攻擊，皆下令避開這個城市。

　　海德古堡是海德堡最受歡迎的景點，它是舊城區山
頂上所矗立的一座巨大磚紅色古堡。這座建築歷經 600
多年，西元 17 世紀遭受戰爭與西元 18 世紀天災雷擊引
發大火的破壞，再加上後來帝侯的候選人將海德堡修復
至一半時，即放棄根據地移到曼汗，導致海德堡呈現廢
墟狀態，反而更添加了古堡浪漫的魅力。

一日之門

　　整座古堡融合了文藝復興式、哥德式、巴洛克式的建築式風格。其中特別有名的乃是施杜克花園（Stuckgarden）的拱門，又稱「一日之門」，是西元1615年路德維希五世命令下屬在一夕之間建造而成，作為其未婚妻英國公主伊莉莎白的生日禮物，所以又名「伊莉莎白之門」。堡內有一座特殊的醫藥博物館，是煉金術盛行時代所遺留下來。此外，還有一座特別有名的地下酒窖，窖內眾多酒桶之中，有一個由130棵老橡樹所製成的大酒桶，直徑達8公尺，於西元18世紀打造完成。據說可以裝22萬1726公升的葡萄酒，旁邊有一個滿臉通紅的侏儒雕像，是大酒桶的守護神，也是當時國王的弄臣，名字叫皮凱歐，聽說一口氣可以喝掉10瓶酒。此外，每年7、8月都有許多音樂表演節目，皆在古堡內的廣場舉行。

　　除了古堡，市集廣場上有著許多著名的建築，包括市政廳、聖靈教堂、16世紀的騎士之家，也是值得一遊的景點。另外，又名「學生禁閉室」的「大學城監獄」，是西元1712年至西元1914年間海德堡大學用來禁閉不守

規則的學生之地。沒想到監獄內部的牆壁上，整片都畫滿了學生的塗鴉，反而成為日後遊人到此遊覽的重點。

　　卡爾迪奧多橋（Karl-Theodor-Brücke）橫跨內喀爾河（Neckar），橋上有一座卡爾迪奧多的雕像，以紀念卡爾迪奧多在西元 1778 年修建石橋。內喀爾河北岸的奧登森林有一條著名的散步道，叫「哲人之路」，是德國許多詩人及哲學家喜歡漫步及沈思之路，而大學生特別喜歡在下課之後，來此山林小道談情說愛，所以又稱「情人之路」。

　　由德國名作家威廉‧美亞法斯特（Wilhelm Meyer Forster），於西元 1986 年為慶祝海德堡大學 600 週年校慶，所作的名著《阿爾特海德堡》（Alt-Heidelberg），之後改編為電影《學生王子》（The Student Prince in Old Heidelberg）。由於這部電影的拍攝，使得海德堡成為家喻戶曉的景點。

　　走在老橋上，望著內喀爾河的流水，呼吸著奧登

海德堡街景

森林散發的芬多氣息，望著風華褪去的古堡，內心總
有一份感觸。尤其文人雅士更是鍾情於此，像是歌德
（Goethe）、雨果（Hugo）、馬克吐溫（Mark Twain）
等都曾翻山越嶺專程來訪。

情人之吻巧克力／鄭華娟的浪漫

　　來此蜜月的情人，如果你還記得台灣名歌手兼作家
鄭華娟女士，寫過一本深受情侶喜愛的名作——《海德
堡之吻》，即是在此大學生戀愛的真實故事，故事是發
生約在西元 1863 年，舊城區有家名為 Cafe Knosel 的咖
啡店，大受學生歡迎成為很多學生的聚集地，由於不少
情竇初開的學生雖有意向心儀對象示愛，無奈在當時嚴
謹的學校制度下無法動作。當時咖啡店的老闆兼甜品師

市政廳廣場

傳，為了讓有情人能終成眷屬，便製作出一款名為「學生之吻」的巧克力，讓陷於愛情無法表明愛意的學生作為示愛途徑，只要女孩子收下這「學生之吻」，便等於接受對方的愛意，造就了不少對的情侶。自此每個來到海德堡的旅客，除了到訪這家咖啡店外，更熱衷購買一些「學生之吻」的巧古力及由此衍生出來的巧克力，成為現在戀人口耳相傳的情人之吻巧克力。

　　熱戀中的新人們不妨一起來顆情人之吻巧克力，讓你們的愛情更加的濃烈！你能充份體驗海德堡的人文與浪漫，以及寧靜恬適的美麗風景。

關於旅行

由法蘭克福搭火車約 1 小時可抵達海德堡。想參觀海德堡需步行至售票處後搭纜車上山，纜車分兩段，先搭新的纜車到達城堡，續搭有百年歷史的舊纜車至山頂。可搭纜車來回，時間充裕的話也可先搭纜上山後，再步行下來，從頂端走下山約需 1 小時。最特別是的海德堡還發行了所謂的海德堡卡，購買海德堡卡可免費搭海德堡城內的公車及路面輕軌電車，參觀景點還可享有優惠，分 2 日卡、4 日卡及家庭 2 日卡，有興趣的人可以參考一下！

浪漫而古典的海德堡

捷克
{CZECH REPUBLIC}

布拉格 · 卡羅維瓦利 · 庫倫諾夫 · 塞維納堡 & 卡爾斯坦堡

語　　言｜捷克語
氣　　候｜屬海洋性向大陸性氣候過渡的溫帶氣候，夏季炎熱，冬季寒冷多雪。其中 7 月最熱，
　　　　　1 月最冷。
貨　　幣｜捷克克朗
簽　　證｜免簽
時　　區｜台灣時刻－7（3～9月－6）
電　　力｜230V，50Hz，雙圓頭型插頭及插座
國 際 區 碼｜420

戀情如黃金般的燦爛
布拉格 Praha

在此處停留

來到布拉格，其美麗景致不只在白天可見一斑，晚上夜景絕對值得你佇足、流連忘返，
它是一座適合狂歡而又帶點文化氣息的城市，到了晚上 20：00，所有商店仍然燈火通明，
人潮密集，彷彿所有活動這才準備開始，甚至到了午夜時刻，街頭聊天、喝酒哈拉的人
潮，仍然一波接著一波的遊走於城市每一個角落，是蜜月旅行的不夜之城。

在這充滿人文藝術的名城中，

傳頌著革命的榮耀與閃爍的愛情故事，

那不懼世俗的條件與眼光的勇氣，

彷彿也讓我們感染了這城市的浪漫情懷。

布拉格，從西元 9 世紀以來就是歷史名城，自古以來一直是波西米亞的首都，直至今目前仍是捷克的首府及第一大城，人口超過 120 萬人，位於波西米亞州的伏爾他瓦河（Vltava）畔。「Praha」捷克語即為為淺灘之意，全城大致可以區分為 5 大區，分別是舊城區、小城區、新城區、猶太區以及高堡區，尤其舊城區，更是布拉格的精華所在。

從火藥門一路行經斯塔雷‧美斯托舊城廣場（Starom stské Nám stí），一直到查理大橋（Karluv Most）都屬舊城區，一年四季擠滿了觀光客，除了精美的建築，包含有羅馬、歌德、文藝復興、巴洛克、洛可可、新古典主義，一直到立體派超現代主義式建築。其中又以巴洛克及歌德最出名，特色為屋頂建築變化豐富，色彩絢麗光彩奪目，大都以紅瓦黃牆為主，所以又有「金色城市」之稱，城中到處都是物美價廉的波希米

查理大橋即景

亞玻璃製品，以及各式各樣手工商品。一如瓦次拉夫廣場（Wenceslas Square）前的瓦次拉夫大道，兩旁都是餐廳和商店，又有「捷克的香榭里榭大道」之稱。適合漫步憩息的綠地和座椅，蜜月來此，走累了，不妨和情人一起坐下曬曬太陽，瀏覽四周精美的巴洛克式建築。

　　猶太區不僅完整呈現了猶太民族獨有的精神和文化，更是少數細緻而有規劃的猶太社區。可惜的是 20 世紀初，政府拆除陳舊狹窄的老街道和房舍，改以新藝術風格建築，所幸還保留了幾個猶太教會堂和墓園，是值得參觀之處。另外橫跨伏爾他瓦河的查理大橋，橋上總是有很多藝術表演者，吸引眾人目光。電影由湯姆克魯斯所主演的《不可能的任務》（Mission Impossible）即是以查理大橋為主要拍攝地，而讓布拉格聲名遠播，這裡也是拍攝高堡及河面風景最佳的位置。

　　布拉格城堡從 9 世紀開始一直是布拉格王室的所

聖維特大教堂

在地，直至今日仍是捷克總統的辦公所在。古堡內保留許多建築和歷史文物，像是聖維特大教堂（St. Vitus Cathedral）、舊皇宮（Stary Kralovsky Palac）和聖喬治教堂（Cerkev svetega Jurija）都採一票到底制，可以好好參觀。當然，也不能錯過聚集了很多以卡夫卡為代表，出類拔萃的手工藝者、文學家及畫家等的黃金巷（Zlatá ulička），相當有趣值得一遊。

而高堡區可以說是布拉格城市的發祥地，在這裡也有高貴的公主與英俊的農夫相愛的美麗傳說，超級浪漫的一段愛情故事，吸引了不少為真愛而來的戀人；盤踞在山崖上的高堡區，是俯瞰布拉格全城美景的觀景台，夜間能看到布拉格的美麗夜景。

布拉格是歐洲傳統的文化中心之一，文化藝術氣氛濃郁，擁有有數以百計的音樂廳、畫廊、電影院和音樂俱樂部，像著名的布拉格國家歌劇院、布拉格國立劇院、魯道夫宮、國家博物館等。一年中，布拉格每個月都會主辦一些國際性的文化活動，其中尤以各種音樂活動最為顯著。整個布拉格共有 10 所大學，其中查理大學（Univerzita Karlova）成立於西元 1348 年，是東歐最古

布拉格城堡　天文鐘

老的大學之一。

　　由於在布拉格可以看到相當多歐洲簡樸及繁複的不同建築風格，高塔、角樓及教堂林立，所以這座城市還有個非常美的稱號為「千塔之城」。遊客最愛的地點就是斯塔雷‧美斯托舊城廣場，廣場上景點眾多，最有名的就是西元 15 世紀的天文鐘，從 10：00～20：00 每各整點鐘的報時活動，吸引了無數的人潮等待，造型更是精美。

　　此外，提恩聖母大教堂（Church of Our Lade before Tyn）、聖尼古拉大教堂（Kostel svatého Mikuláše）及胡斯宗教改革紀念碑（Pomník mistra Jana Husa）等地方也好不熱鬧。

　　漫遊在這座歷史悠久的城市裡，不禁可以感受到多元混雜的文化、各式風格的建築，共同構築出布拉格的獨特景象。戀人們不妨叫輛唯美的馬車，讓彼此重現並感受中古世紀的浪漫。

關於旅行

布拉格的氣候屬於典型的溫帶大陸性氣候，冬季寒冷乾燥，夏季溫暖潮濕。7 月平均氣溫為 18.5 度，1 月為－1.1 度，平均而言偏寒冷，需要注意保暖，不過交通四通八達，相當便利。

共飲健康之泉

卡羅維瓦利 Karlovy Vary

在此處停留

捷克最有名的溫泉鄉，不僅可以參觀各式輝煌的建築，尤其溫泉迴廊也相當美麗，新婚夫妻一起喝完這 12 口溫泉，以更長壽健康的身心迎接另一個開始。如果你想養顏美容返老還童，據當地友人所說，須將 1～12 口熱泉及 1 口冷泉全部喝齊，效果特好。

極具復古奢華感的迴廊建築，

連接了一口又一口的溫泉，

隨著迴廊的曲折前行，

共同許下生生不變的誓言。

廿飲具養生與美容功效的溫泉

　　卡羅維瓦利是捷克最著名且歷史最悠久的溫泉鄉，至今已有 600 多年歷史。14 世紀中期，查理四世皇帝到此打獵，無意中發現豐富的溫泉資源，因此開始吸引了大批文人雅士，到了西元 18 世紀更成為歐洲著名的社交場所。最特別的是這裡的溫泉不是用泡的，而是用喝的，西元 1522 年時有一份醫學報告指出，飲用卡羅維瓦利的溫泉具有長壽養生及美容的功效後，到了西元 18 世紀由貝雀爾博士提出這裡的溫泉不只是要喝，還要邊走邊喝，溫泉水配合腸胃消化器官的蠕動對人的身體有正面助益。此報告一出後，更多名人紛紛慕名前來，包括 19 世紀的共濟會成員如音樂大師貝多芬（Beethoven）、巴哈（Bach）、歌德（Goethe）、華格納（Wagner）、莫札特（Mozart）、蕭邦（Chopin）、海頓（Haydn）及安東尼德佛扎克（Antonin Dvorak）；文

學家馬克吐溫（Mark Twain）等等。

　　卡羅維瓦利的溫泉像迷宮一樣，必須去仔細尋找，共有 12 座熱泉、1 座冷泉及 5 間溫泉療養館，這裡的溫泉不僅含有 40 種以上的礦物質，溫度也有差異，其中溫度高達 72 度的瓦傑狄洛溫泉（Vridlo colonnade）是最壯觀的噴泉，從地底下 2500 米深度的地層，每分鐘 2000 公升湧泉量，高度可達 8 ～ 12 公尺，俄羅斯太空人加加林曾來此飲用過，為紀念他又稱「加加林溫泉」。因需要邊走邊喝，所以在此建造了許多美觀的溫泉迴廊，成為遊客參觀和品嚐溫泉的最佳地點，雖然具有療效，不過溫泉喝起來有點像生鏽的水，隨著溫度不同，味道也不同，通常溫度較高的溫泉會促進膽汁分泌及降低

GRANDHOTEL PUPP

普普飯店

胃酸,所以溫度越高越好入口。

品味歌德曾經駐足的痕跡

卡羅維瓦利夜景

　　沿著鐵普拉河,兩旁都是小商店和旅館,還有許多知名建築,譬如電影《007皇家夜總會》(Casino Royale)曾在此取景的五星級普普飯店(Grandhotel Pupp),高貴典雅、金碧輝煌,亞特蘭提特旅館(Atlantic)則以屋頂上的雕像引人注目,而在其正對面的是「三個摩爾人之屋」,相傳哥德九次造訪都選擇下塌於此,因此牆上保有了紀念銅鑄牌。繼續漫步前行,會有一幢五層樓高的嫩綠色房屋,稱為「莫札特之屋」,是

歌德在西元 1785 年也曾停留過的居所，這附近一直以來就是文人雅士喜愛的聚會場所，有很多咖啡廳和小酒館，到了夜晚將形成一幅特別的景致。

　　由於卡羅維瓦利以溫泉著稱，因此發展出許多與溫泉相關的產品，像是可以邊走邊品嚐溫泉的溫泉杯、溫泉酒、溫泉咖啡以及口感像法蘭酥的溫泉餅等等，戀人來此拜訪，不妨大方嘗試當地的特殊風味，一起增加旅行中所獲得的新感受！

關於旅行

欲前往卡羅維瓦利，從布拉格中央車站前每天 5：15、7：25 各有一班直達車，約耗時 3.5 小時；到卡羅維瓦利後再轉搭火車或計程車進入溫泉區。搭乘巴士較為方便，每小時約有 2～3 班車，耗時 2 小時多。到了溫泉區之後，便能以步行方式來遊覽大部份景點。

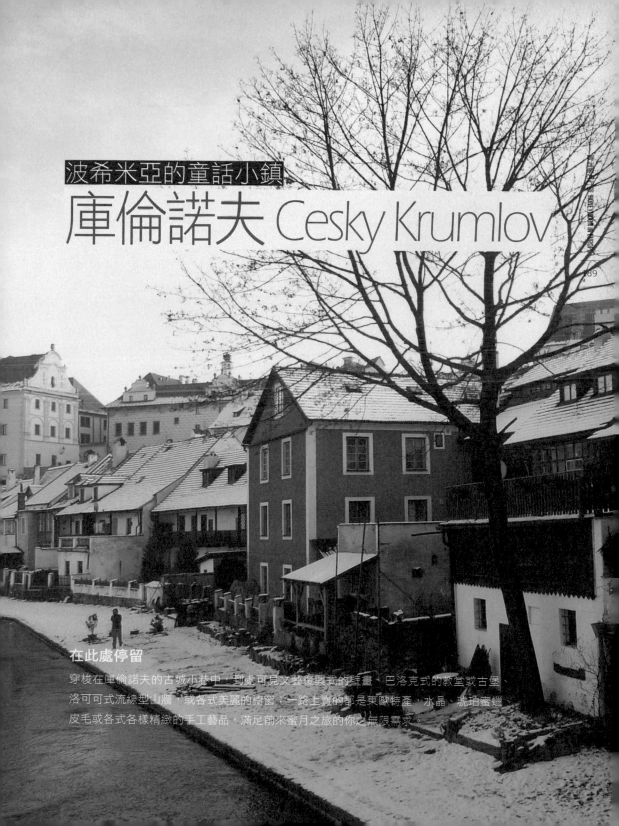

波希米亞的童話小鎮
庫倫諾夫 Cesky Krumlov

在此處停留

穿梭在庫倫諾夫的古城小巷中，到處可見文藝復興式的壁畫、巴洛克式的教堂或古堡、洛可可式流線型山牆，或各式美麗的櫥窗；一路上賣的都是東歐特產，水晶、琥珀蜜蠟、皮毛或各式各樣精緻的手工藝品，滿足前來蜜月之旅的你之無限需求。

城堡、啤酒、老鬼魂，

庫倫諾夫總能滿足各類旅人的需求；

夢幻、微醺、飄飄然，

每一種感受都是庫倫諾夫贈送的最好的禮物。

同遊捷克著名的童話小鎮

　　庫倫諾夫，是捷克著名的童話小鎮，也是真正的瑰寶，這裡有捷克的第二大城堡建築群，加上捷克最有勢力的三大貴族家族領地，保持了大量中古世紀文藝復興風格與巴洛克式建築，因而產生豐富的歷史氛圍。此處在西元 1992 年被聯合國教科文組織列為「文化和自然遺產」，目前是捷克共和國內最吸引遊客的地方之一。早在西元前 6,000 年，人類便長期居住在此，一條美麗的伏爾塔瓦河（Vltava）貫穿整座城鎮，更是襯托出與眾不同的純樸美感，它同時也是著名的愛根堡啤酒的故鄉，這支啤酒是用波希米亞的水來釀造，口感上非常夠味！

走進童話世界／
步行是最好的旅行方式

　　庫倫諾夫的伏爾他瓦河左岸是當時漁民居住地，有
許多木造石牆的房舍，充滿了水鄉的特殊風格。這城鎮
不大，步行半天至一天，就能悠閒地逛完，從城堡的高
塔往下眺望，盡入眼簾的都是紅瓦黃牆美麗的房舍。特
別在每年 6 月的第 3 個週末，連續三天所舉辦的五瓣
玫瑰節，在中古世紀的施華洛世奇廣場舉辦中古世紀遊
行，讓人有彷彿搭乘時光機回到中古時期的復古感受。

啤酒與幽靈酒店／體驗捷克另類風貌

　　如果預算充足、膽子大，又想體驗中古世紀的生
活文化，不妨前來庫倫洛夫最著名的五星級玫瑰城堡酒

庫倫諾夫一隅

店住上一晚。這裡是捷克最著名的鬼魂酒店，據說入住房客三不五時就可以碰到特殊的「奇遇」，酒店內到處都佈滿了各式各樣的人物雕塑、盔甲士、持十字架的聖者⋯⋯引人不禁發思古幽情的木造房間，每一間格局截然不同，有的長形、有的方形、有的不規則，但是各自都有不同特色。

順遊庫倫諾夫的其它地點，像是伏爾塔瓦河河畔、斗篷橋、文藝復興樓、拉特朗古城區、施華洛世奇廣場、黑死病聖母升天大柱、市政廳、聖維特大教堂、聖約翰斯塔教堂塔樓等等，都是畫家及攝影師之最愛，也是遊客們最常造訪的景點。值得列入蜜月路線，戀人一起前來，將是此生難忘的獨特回憶！

關於旅行

來到庫倫諾夫，一定要以徒步方式來瀏覽這座城市，輕盈地穿繞在街道上，並停步於伏爾塔瓦河河畔，給自己換個心情，將美景盡收眼底。初次前來的人，如果想要購買經典紀念物，捷克的七彩鉛筆與深受女性喜愛的波丹妮（Botanicus）保養品，都是重要選項。

庫倫諾夫的絕美雪景

兩座不為人知的絕世之堡

塞維納堡 & 卡爾斯坦堡
Cervena Lhota Castle &
Hrad Karlštejn

在此處停留

兩座城堡都各具有獨特的美感，而且距離市區不遠，前往拍攝婚紗能呈現出一種與世隔絕的風情，相當美麗。

倒映在湖中的紅色城堡，

兩旁楓紅飄然灑落，

盤踞高山的石頭城堡，

象徵我倆堅毅不變的愛情。

森林中的紅色古堡

　　位於布拉格城南附近，有一座鮮為人知的──塞維納堡。捷克的城堡眾多，但是塞維納堡的美麗在於它坐落於安靜的森林湖畔中，由紅色砂岩所建成，塞維納在捷克文即為「紅色之意」。此堡的建築風格相當纖細柔美，漫步在湖畔中會有恍若仙境的感覺，尤其是紅色城堡倒映在碧綠的湖水中，呈現出一種絕美的氛圍。

　　這座城堡是史汪森伯格公爵所擁有，當秋天時，半黃半紅的樹葉點綴在森林中，與湖畔的紅色的塞維納堡相互呼應，彷彿進入到紅色的國度。層次的美感，無法用言語形容，此時平靜的湖面成為一面晶瑩剔透的鏡子，將整座城堡與森林倒映在湖水之中，整個景像變成一座夢幻的國度，童話世界裡才有的美景，頓時呈現在你眼前。

正準備迎接新人的馬車

令人愉悅的大喜之日

灰姑娘的馬車帶來無限祝福

　　現在城堡內已改成私人博物館，陳列史汪森伯格公
爵的家族事跡，沿著城堡前的石橋就可以跨過湖面進入
城堡中庭，可以買門票進入堡內參觀。每當週末假日，這
裡就成為捷克人拍攝婚紗照的熱門首選，塞維納堡小巧
可愛，一來城堡有著貴族的氣息，再來因地理位置隱
密，少有人跡干擾，三來這此處風景絕美，湖面倒映，此
景彷彿城堡中的王子與公主，譜成浪漫的良緣。

易守難攻的石頭城堡／卡爾斯坦堡

　　卡爾斯坦堡，在捷克文中為「石頭之堡」之意，這
座哥德式城堡，數百年來高高盤踞在 60 公尺高的峭壁

卡爾斯坦堡

上，形成雄偉壯闊的景致。卡爾斯坦堡由查理四世所建
立，當時是作為貯藏波西米亞皇室王冠、印信、財寶的
寶庫城，建築師是來自阿拉斯的馬蒂亞斯，加上一群巴
勒斯坦工人，由查理四世親自督工完成，耗時 24 年之久。
其後因胡斯戰爭及歐洲 30 年宗教戰爭後，歷經多次整
修，目前所見的新哥德式建築，為約瑟夫・莫克爾（Josef
Mocker）於西元 1887 ～ 1889 年間所重新修建而成。重
建之後，增設了許多階梯，爬上城堡另一邊，可以欣賞
整座城堡的景觀。走在城堡裡，石頭堆砌出的牆面呈現
出古老的質感，特別有身歷其境、進入中古世紀時空般
的感覺。

　　如果要一路前往卡爾斯坦堡，必須先穿過卡爾斯坦
鎮，兩旁盡是商店、餐廳及小畫廊，賣的都是捷克特色
禮品，其中不乏精緻手工藝品、皮手套及飾物，其中捷

克的「水晶指甲銼刀」，外觀精巧，是最佳伴手禮物之一。上山的路程是分成兩段，市區是緩上坡，穿過市區後是緩陡坡，上山路程走路約 40 分鐘，下山較容易輕鬆約 25 分鐘即可，城堡中庭一樣可以進入參觀，若想再進入堡內，需買門票才能進入。一路上以山上的卡爾斯坦堡做背景，在小鄉鎮中拍婚紗拍攝一樣很有進入中古世紀的臨場感。

紅色的塞維納堡與白色的卡爾司堡，交錯坐立在布拉格的南方，呈現著捷克中古世紀的華麗風情。童話般的美景映入眼前，是來到城南參訪不可錯過的勝地。

關於旅行

由於參觀古堡需要爬山或是爬坡，因此一雙好走的便鞋是基本配備。塞維納堡距離布拉格約 2 小時車程，走路即可進入；卡爾斯坦堡則位於布拉格西方，開車約 1.5 小時，上山較累，不妨搭乘馬蓬車上山，付費 150 克朗或包車 1200 克朗，輕鬆又可拍照相當愜意，春季時一片粉紅色花海與棉花，秋季時的楓葉都相當美麗！

奧地利
AUSTRIA

薩爾斯堡・鹽湖區

語　　　言｜德語、克羅地亞語、匈牙利語
氣　　　候｜奧地利大部分地區處於溫帶海洋性氣候和溫帶大陸性氣候過渡區內，氣候溫和，冬
　　　　　　季寒冷、夏季涼爽。
貨　　　幣｜歐元（EUR）
簽　　　證｜免簽
時　　　區｜台灣時刻－7（3～9月－6）
電　　　力｜230V，50Hz，雙圓頭型插頭及插座
國 際 區 碼｜43

以音樂美景共築浪漫回憶
薩爾斯堡 Salzburg

在此處停留

來到這裡除了可以一覽莫札特（Mozart）故居，充滿中古情懷的城堡建築，新婚夫妻一起沉浸在音樂與咖啡的故鄉中，感覺相當浪漫又富有詩意。晚上如果有雅興，可以搭乘纜車登上赫恩薩爾斯堡（Festung Hohensalzburg），由上面往下俯瞰薩爾斯堡城鎮，夜景更美，上面有幾家格調高雅、氣氛又佳的美食餐廳，那這樣就更浪漫了。

寬闊的山區，矗立在絕崖的白色山堡，

品嚐濃醇的莫札特巧克力，

不絕於耳的音樂與美景，

刻畫只屬於兩人的濃情蜜意，

在一個人文薈萃的音樂之都。

　　薩爾斯堡位於阿爾卑斯山北麓，地靈人傑，是奧地利西北方的重要門戶。自古即是主教的駐所之地，由那時開始人文薈萃，不僅是電影《真善美》（The Sound of Music）的拍攝地，更是莫札特的出生地。

　　薩爾斯堡原是屬於薩爾斯堡侯爵大主教的領地，西元 1805 年才併入奧地利版圖，所以在這裡可以感受到濃厚的宗教氣息，尤其是在二次大戰時被德國併入的賴希特區，保存有非常多的教堂、皇宮、花園等等，都相當值得參觀。此城座落於三座山丘環抱，海拔 425 公尺高的山谷上，城市呈狹長地形，有一條薩爾察河（Salzach）流過，將城市分成左岸舊城、右岸新城區兩部份。

與戀人一起感懷莫札特與
音樂的完美結合

　　薩爾斯堡，可以說是莫札特的城市，來到這裡絕不
能錯過與莫札特相關的景點，譬如莫札特音樂學院、莫
札特橋、莫札特廣場、莫札特故居等等，甚至是莫札特
巧克力及莫札特冰淇淋，所到之處播放的都是莫札特交
響樂或演奏曲。

　　莫札特故居位於舊城區，莫札特從西元 1773 至
1780 年擔任薩爾斯堡主教的樂師，全家人住在格特萊德
街（Getreidegasse）9 號樓高 4 層樓的古老樓房，保留著
莫札特的許多遺物。目前 1 樓及 2 樓展示著莫札特的照
片，3 樓則是莫札特家族的住家，現在則成了展示廳，完
整保留了當年的結構。至於「莫札特音樂學院」，從西
元 1914 年起已經改成國際莫札特基金會，裡面有莫札特
圖書館，花園裡有一棟莫札特的夏季別墅，他在此完成

莫札特故居　　　　　　　　　米拉貝花園

了最後一齣歌劇——《魔笛》（Die Zauberflöte），非常
值得前往一覽。

充滿夢幻風情的米拉貝花園

　　此外，位於米拉貝爾宮的米拉貝花園（Mirabella
Garden）也是不容錯過的美景，西元 1723 年由當時的
沃爾斯大主教為他的愛人莎樂美所建，因為在電影《真
善美》中露臉而讓世人驚豔，是一個集聚了羅馬雕塑、噴
泉、花園、迷宮的巴洛克式建築的花園，來到這裡可以
眺望到赫恩薩爾斯堡的全貌。

　　高達百餘公尺的赫恩薩爾斯堡，是歐洲保存最完整
的中古世紀城堡之一，西元 1077 年由格布哈特大主教所
建的，尤其是在夜晚時，在一片漆黑之中，白色城堡在
探照燈的照映之下，彷彿是漂浮在空中的夢幻城市般的

赫恩薩爾斯堡

美麗。

來到這裡，著名的美食包含烤豬肋排及炸豬排等等，不過口味偏乾，對於喜好香脆多汁的口感的人而言較不適合，但不妨來到咖啡廳點一杯香濃的維也納咖啡，搭配奧地利著名的莎荷蛋糕，離開前，不妨選購薩爾斯堡的名產—莫札特巧克力，將會是非常不錯的搭配！

關於旅行

搭飛機由維也納到薩爾斯堡的莫札特機場，僅需 50 分鐘即可抵達，或是可以搭乘火車從維也納到薩爾斯堡，每天從六點多開始就有直達車。薩爾斯堡市內範圍不大，非常適合步行漫遊，也有很多巴士往返於新、舊城之間。夏季遊客眾多，紫外線強且日照一直到夜間十點，需注意防曬問題。對亞洲人來說，春秋是最美麗也最適合前往旅遊的季節，冬季雪景也相當富有詩意。

真愛的淚珠
鹽湖區 Salzkammergut

在此處停留

狹長的湖泊構成的鹽湖區,加上阿爾卑斯山的絕美景致,擁有一種清新脫俗的美感,來這裡蜜月可以忘卻煩人的現實生活,一起沉浸在美妙的景色中。

大小各異的晶瑩湖泊，

就彷彿是一顆顆真心的淚珠般，

以動人的誓言鑲綴，

幻發真愛的無限雋永。

隨季節變化的美麗湖水景致／
建築與美景相互呼應

　　奧地利鹽湖區也稱「薩爾斯干馬格特」，位於奧地利北方的鹽湖區，是一個狹長的地域，由 76 座宛如寶石般大小各異的冰河湖泊所串連而成，星羅棋布地點綴著粗獷壯闊的山巒，稱得上是奧地利最壯美迷人的景致。湖泊中的四大湖（特勞恩湖、哈斯特特湖、月湖和聖沃夫岡湖）猶如四大明珠，點亮了山間。在 76 座湖，猶如一個似夢似真的美麗仙境，由於是冰河切割造成的，所以湖水相當深，其中以聖沃夫岡湖（St. Wolfgang）、聖基爾根湖（St. Gilgen）、哈斯特湖（H aast）三個最受歡迎的湖泊的湖區景色絕美，最適合新人蜜月時來此渡假。

聖沃夫岡湖

　　聖沃夫岡湖由 12 個小湖串連而成，西元 1897 年
由柏林喜劇家意外發現後，廣為流傳，至今成為旅遊聖
地，隨著季節變化轉成藍、綠、黑與紅的湖水，讓人無
法相信自己的眼睛。在湖的東邊是北岸規模最大的聖沃
夫岡小鎮，因一位名叫沃夫岡的聖人而得名。西元 976
年聖誕節期間，沃夫岡來到此地，某天聽到神諭：「沃
夫岡用手擲你的斧頭，在斧頭落下的地方建一座教堂。」
於是聖人依據神諭在擲斧落下之處，建立了聖沃夫岡教
堂，這座臨湖矗立的羅馬式教堂，於西元 1429 年遭火災
焚燬，隔年重建時改為哥德式，教堂內的主祭壇是名雕
刻家米夏埃爾·帕赫（Michael Pacher），金碧輝煌、裝
飾華麗的哥德式「帕赫聖壇」，是歐洲最珍貴的教堂寶
藏，位於城鎮中心的聖沃夫岡教堂自中世紀以來，便一
直是知名的朝聖地。

位於教堂旁邊的白馬飯店也是值得前來一看的景
點，尤其在 20 世紀初，連續幾齣知名的音樂劇與電影在
此拍攝，讓這裡更充滿了人文風情，最特別的是飯店的
溫水游泳池位在冰湖中間，形成一個相當絕妙的畫面。

聖基爾根湖

聖基爾根湖，位處於聖基爾根小鎮，鎮上擁有西元
14 ～ 15 世紀的建築、教堂，以美麗的風景聞名，此處
為莫札特母親的故鄉，讓小鎮在絕景之外，更保有了無
可取代的人文歷史地位。

此外，霍騰斯坦堡（Huettenstein）也非常值得前往，建議搭乘纜車直達山頂，可以觀賞到絕美的景致。

哈斯特湖

哈斯特湖

哈斯特湖，堪稱鹽湖區中最美的景緻，整個小鎮上的居民不到 1000 人，遺世獨立，小鎮以教堂尖塔為中心，湖邊的房舍一戶接著一戶。幽靜碧綠的湖水倒映著兩旁青山以及湖岸建築，充滿獨特藝術風情的小屋倒映於湖面，美得一點都不像真實世界的場景，尤其當冬季結冰時，畫面令人嘆為觀止！

這世界最美的湖畔小鎮，不僅是奧地利目前全力推廣的旅遊景點，每一位哈斯特鎮民也都是風格不同的藝術家，每戶人家的門都是打開的，展示與出售自製的手工藝品，有精緻的飾品、富民族風的玩偶、精緻的粗陶飾品、古樸的家用製具，以及藝術木雕等等，讓人駐足忘返。

由大小各異的湖泊共構而成的鹽湖區，像是由錯落有致的珍珠所包圍。湖面波光蕩漾，倒映著蔚藍的天空，伴著湖畔旁的屋瓦小舍。這愜意恬適之情，是難得的感官享受。

關於旅行

聖基爾根鎮上有便宜的青年旅館（一晚不到 20 歐元），甚至包含早餐，想要減少預算壓力的人可以考慮投宿。要到哈斯特湖，由聖沃夫岡開車 20 分鐘，不過由於靠近阿爾卑斯山地區，寒冬季節較長，夏季涼爽，7 月平均溫度為攝氏 14 ～ 19 度，冬季由 12 ～ 3 月止，在山區甚至到了 5 月仍有積雪，所以即便夏天前往，還是應該注意保暖。

鹽湖區的冬日雪景

摩那哥
{MONACO}

蒙地卡羅

語　　　言｜法語
氣　　　候｜摩那哥屬亞熱帶地中海式氣候，夏天乾燥涼爽，冬天潮濕溫暖。
貨　　　幣｜歐元（EUR）
簽　　　證｜免簽
時　　　區｜台灣時刻－7（3～9月－6）
電　　　力｜230V，50Ｈｚ，雙圓頭型插頭及插座
國 際 區 碼｜377

絕代風華的金三角
蒙地卡羅 Monte Carlo

在此處停留

充滿奢華氛圍的蒙地卡羅，到此蜜月，可以充分體驗名流的生活，小賭怡情、無傷大雅，
並且無須課稅，因此相當受到觀光客歡迎。

彷彿夢中的奢華飯店，

名車、美酒、美食，

穿梭在衣香鬢影的人群中，

享受著剎那即永恆的浮華。

摩那哥位在法國東南方，除了靠地中海的南部海岸線之外，全境北、西、東三面皆由法國包圍，距離義大利也相當的近，主要由摩那哥舊城和隨後建立起來的周遭地區所組成。摩那哥王國把全國分成四部份，分別為摩那哥市、工業區、港口區及蒙地卡羅市，最早曾被希臘、羅馬帝國及薩瓦公國佔領，直至西元 1297 年葛格尼馬爾迪家族，喬裝成聖芳濟會的修道士，佔領了礁石的要塞後，摩那哥便一直在格里馬爾迪（Grimaldi）家族統治下至今。

蒙地卡羅

蒙地卡羅為摩那哥的立國之都，以大賭場為中心的黃金地段，在這裡可以感受到紙醉金迷、奢華無度。西元 1856 年摩那哥親王查理三世為了解決財務危機，在就市區北邊的岬角上，開設了首家賭場，後人為了紀念這

巴黎大飯店

位頗具生意頭腦的親王，故將該地區命名為蒙地卡羅。

　　來到蒙地卡羅，有一個號稱「金三角」的組合景點不容錯過，包括五星級的巴黎大飯店（Hotel de Paris）、巴黎咖啡廳（Café de Paris）以及蒙地卡羅大賭場（Monte Carlo Casino）。

巴黎大飯店

　　雄偉的巴黎大飯店是世界排名前十名的經典之一，旅館內著名設施包括路易十五餐廳、帝國餐廳及花園陽台餐廳等，華麗寬敞的大廳中有路易十五騎馬英姿

銅像，賭客們總要去觸摸以求好運。飯店位置與舉世聞名的蒙地卡羅賭場相鄰，提供名門富豪一流的環境、現代的設備與尊貴的禮遇，此優良傳統延續至今。飯店於西元 1864 年開幕，提供上流貴族人士社交、居住和宴會的地點，以花葉、人物的立體浮雕在大柱與牆壁拱門上，並以新浪漫古典主義的建築風格加強牆壁線條，呈現優雅的美感。

西元 1956 年雷尼爾親王和王妃葛莉絲凱莉（Grace Kelly）在巴黎大飯店舉辦盛大婚禮，25 年後，他們同樣在這裡慶祝結婚週年慶，來到這裡，會有一種置身皇宮的錯覺，而巴黎大飯店的整體規劃，便是以最繁華的巴

大賭場外的花園廣場

黎建築特色為建構藍圖，企圖呈現給客人一種最頂級奢
華的感受。

大賭場

　　蒙地卡羅大賭場，四周被花園所環繞，西面臨海，擁
有一個可以直接眺望至義大利領土的平台，其建築物群
包含數種不同設計風格，最古老的建築乃是由巴黎歌劇
院的建築師——加尼葉利（Garnier）於西元 1878 年所設
計，而最新的劇院和賭場乃是在西元 1910 年才完工，完
全以巴洛克風格，搭配巴黎的美好年代時期的建築手法

作為裝潢主軸，富麗堂皇，儼然像皇宮一般。通常最高級的賭場，只有在深夜才有開放，而且服裝限制較為嚴格，必須穿著非常正式的禮服才可入內。

巴黎咖啡廳

處處可見名車的身影

　　巴黎咖啡廳位處於巴黎大飯店與大賭場之間，因為地緣之便，形成一個到訪人士最直接而便利的休憩之處，點一杯咖啡，享受截然不同的貴族氣息的午後，一旦來到摩那哥，完全可以體會上流人士的生活模式，與附近的法國小鎮相比，彷彿進入了高級住宅區一般。在黃金三角，盡是名流們的駐足之地，待上 1 小時，就能看見數也數不清的頂級跑車，如法拉利（Ferrari）、賓

蒙地卡羅洪川一景

利（Bentley）、馬莎拉蒂（Maserati）、林寶堅尼
（Lamborghini）等等，多如過江之鯽，彷彿就在參加一
場超炫目的華麗派對。

　　如果想體驗富豪貴族般的頂級享受，只要花 150 歐
元，就可以擁有一會金髮帥哥或美女，開著法拉利載你
繞蒙地卡羅的金三角區域一圈，感受名流般的尊榮體驗。
當然，在此仍有許多藝術家與運動盛事也不容錯過，每
年 1 月的蒙地卡羅大賽車與 5 月 F1 摩那哥大獎賽，每每
吸引眾多人潮的參與。來到蒙地卡羅，等同進入一場絕
無僅有的頂級盛宴，除了盡情享受之外，別無他法，而
你所看到、聽到、感受到的，也絕對令人畢生難忘！

關於旅行

摩那哥的夏季乾燥炎熱，冬季溫和潮濕，但北部沿海受地中海影響，基本為地中海式氣候，四
季溫和。從法國的尼斯（Nice）開車前來，車程約 1 個小時，在蒙地卡羅購物不需課稅，所以
相當便利。

{ 瑞士
SWITZERLAND }

| 霞慕尼 · 策馬特 · 茵特拉根 & 拉特布魯那 ·
蒙投 & 西庸古堡 · 琉森湖

語　　　言｜德語、法語、義大利語、羅曼語
氣　　　候｜瑞士地處溫帶的北部，氣候自西向東由溫和濕潤的海洋性氣候
　　　　　　向冬寒夏熱的溫帶大陸性氣候過渡。
貨　　　幣｜瑞士法郎（CHF）
簽　　　證｜免簽
時　　　區｜台灣時刻－7（3～9月－6）
電　　　力｜230V．50Hz，雙圓頭型與三圓頭型之插頭及插座
國 際 區 碼｜41

歐洲的第一道暖陽

霞慕尼
Chamonix-Mont-Blanc

在此處停留

歐洲蜜月旅遊絕對不能錯過號稱「歐洲聖母峰」的白朗峰與霞慕尼，新婚夫妻一起欣賞
歐洲的第一道陽光，是不是相當詩情畫意呢？

站在歐洲最高的山頭，

感受冷冽的山風吹拂，

緊緊牽著的雙手相視而笑，

在歐洲第一道陽光的祝福下，剎那便是永恆。

迎接歐洲第一道陽光

　　霞慕尼，位於歐洲屋脊 —— 阿爾卑斯山白朗峰
（Mont Blanc）的山腳下。白朗峰標高 4810 公尺，有
歐洲第一高峰之稱，山上的萬年積雪四季不化，因此峰
頂上終年覆蓋著一層厚厚的白雪，而有「白色山脈」之
稱，此處也是歐洲第一個照射到陽光的地方。霞慕尼鎮
的地理位置非常複雜險要，在法國東南方鄰近瑞士與義
大利的國界僅有一山之隔，居民約 1 萬人，是一個由 16
個村莊組合而成的美麗小山城。

　　霞慕尼同時是攀登白朗峰的起點，更是國際知名
的滑雪渡假勝地，山腳下不但有纜車可以直達南針峰山
頭，夏季還可以進行滑草、登山露營、打獵健行等運
動，冬天除了滑雪之外，尚可從事雪地健行，是一個深
受旅客喜愛的山城。

　　霞慕尼的名稱來自拉丁語，有「築堡壘的地方」之
意，霞慕尼也有「阿爾卑斯山之都」的稱號，最特別的
是可以搭乘直升機一覽阿爾卑斯山的冰河絕景與陡峭山
壁，這是異於其他地方的難得體驗。南針峰（Aiguille du
Midi）為歐洲最高的纜車站，到霞慕尼若未搭乘纜車，實
則不能稱已來此一遊。纜車一次可容納 80 人，從海
拔 1,035 公尺的霞慕尼緩緩升起於陡峭的山間直到中途
站，先抵達針鋒高地（Plan d'Aiguille），在夏天，許多人
於此就展開健行、登山活動，接著再搭乘下一段高山纜
車直接拉昇到 3,777 公尺的南針峰觀測台，抵達瞬間，電
梯門一打開，眼前出現的是一片銀白色寂靜世界，一切
都靜悄悄地，彷彿連自己的呼吸聲都可以聽得很清楚，天
空是靜止的、光線是靜止的，似乎連空氣也好像是停止

的。這真是一種不一樣的感受,很有銀色夢幻香格里拉的感動。

在山頂上可以眺望波松冰河,甚至還可以登高望遠,搭小電梯昇至 3,842 公尺的眺望台,感受急速冷凍的快感。這裡有絕佳角度來欣賞白朗峰及圍繞其左右的一些超過 4,000 公尺的雄偉山峰,山頂備有溫暖的咖啡吧及餐廳,不妨可以抱一杯熱騰騰的巧克力,感受一下什麼是溫暖的幸福!

此外,從霞慕尼火車站旁也可搭乘紅色登山火車,穿過一片片茂密的森林,約 20 分鐘後即可抵達冰海旁的蒙特維車站,蜿蜒偌大的冰海與聳立於遠後方崢嶸的阿爾卑斯群山,像一幅壯觀的繪畫,建議可以在車站

旁的露天咖啡座，輕啜一口咖啡，悠然地享受此一美景。

　　除了一登白朗峰感受壯闊美景，霞慕尼本身的景致也相當具有特色，融合了法德兩民族的特色，充滿阿爾卑斯風格的木質骨架屋和巴洛克式法國建築，寧靜的山城，不少餐館及咖啡店都別具特色，古樸的建築與現代化商店，相互形成一個和諧的畫面。山腳下的霞慕尼也是眺望阿爾卑斯山景最好的位置，黃昏時刻小倆口坐在路邊的露天咖啡吧，一邊閒聊一邊感受山邊夕陽西下的金黃色天際，別有一番夢幻滋味！

關於旅行

霞慕尼的春秋景色宜人，冬季則有一份清新脫俗、一塵不染的美。前往霞慕尼，可由法國由里昂（Lyon）搭火車，每日約有 5 個班次，車程約 4 小時；從法國安錫（Annecy）搭火車，每日約有 8 個班次，車程約 2～3 小時，途中必須在 St. Gervais les Bains 轉車。至於霞慕尼的小鎮規模不大，用步行就可以散步至飯店、餐廳、及所有的登山纜車站，因此蜜月前來，建議可以搭火車，然後在霞慕尼度過一個悠閒的假期，一旦想要到周邊的小城鎮旅遊，選擇巴士也相當方便。

美麗的夢境、雪的故鄉
策馬特 Zermatt

在此處停留

策馬特是一個戶外活動的天堂，除了搭乘纜車、登山火車眺望，從健行、滑雪到滑翔翼……應有盡有，來到這裡，也不妨體驗乘坐馬車的古老趣味。

一個與世隔絕的山城，

一個沒有現代文明污染的香格里拉，

迎接一段美好無瑕的記憶，

給彼此一趟烏托邦的蜜月旅行！

千年冰河切割而成的馬特洪峰

　　馬特洪峰是阿爾卑斯山脈中最著名的山峰，位在瑞士與義大利邊境，馬特洪峰的名稱是由德語「Matt」（山谷、草地之意）和「Horn」（山峰呈錐狀像一隻角之意）結合而成，是一個四面錐體，分別面向東南西北，每一個面都非常陡峭，經冰河萬年切割，形成奇形有致的金字塔形狀的山峰。迪士尼樂園內的過山車以及相當知名的金三角巧克力，就是以它為造型範本。

　　戈爾內格拉特（Gornergrat）是著名的標誌性景點，從距離策馬特火車站僅 50 公尺的起點站，搭乘瑞士海拔最高的露天齒軌火車，一年四季均可到達戈爾內格拉特，此處的眺望台可以欣賞到馬特洪峰和羅薩峰（Monte Rosa）等 38 座海拔 4,000 公尺以上的山峰與戈爾內冰河，景色壯觀，令人讚嘆。景觀台上設有露天咖

格拉特觀景台

啡座，可以坐在這裡享受寧靜的視覺與心靈饗宴，感受
天地人合一的境界！

　　美麗的施瓦爾茨湖（Schwarzsee）也是必來之地，它
的意思是「黑色的湖」，海拔高度 2,583 公尺，搭乘馬
特洪峰快車只要 12 分鐘即可抵達施瓦爾茨湖，下車後
可以和情人牽手在此漫步，欣賞倒映在湖面上的夢幻景
致，這裡也是欣賞馬特洪峰（Matterhorn）的絕佳地點。
施瓦爾茨湖平靜無波，澄澈的湖面倒映著馬特洪峰，襯
著藍天白雲，彷彿置身於日曆上的風景，可以坐在湖濱
可以貪婪地捕捉藍與白的美豔，將這美景深深烙印在腦
海中，任誰也無法將它從心裡偷走！

馬特洪峰的　峻峭風采

策馬特

沒有動力污染並與世隔絕的策馬特

　　位於瑞士西南部的渡假勝地 —— 策馬特，因為坐擁世界名峰馬特洪峰（Mont Cervin）而聞名，這個海拔1,620 公尺的美麗山城，被 38 座標高 4,000 公尺以上的巍峨群山和壯麗冰河所簇擁，一年四季都可欣賞雄偉壯麗的阿爾卑斯群峰美景。為了維護城鎮環境，法令禁止汽車駛入，所有人必須換乘登山火車進入策馬特，所以才能維持這裡的空氣清新與環境整潔，不但能盡情體驗阿爾卑斯山區各種戶外活動，還有原汁原味的瑞士民俗風情。

　　來到策馬特，可愛的屋舍景致也相當特別，造型如蘑菇的小屋，彷彿來到童話中的森林，據說為了預防鼠輩入侵，特別以木柱將房舍架高，並在木柱與房舍間放上扁平的石頭，以避免老鼠入侵，而木柱與石頭所呈現的模樣就像可愛的蘑菇，於是有蘑菇小屋之稱，因而成為策馬特的一大特色。

　　此外，為了保持山城清新質樸的特色，採取車輛禁行的規定，策馬特是一個讓人驚奇的城鎮，居住在只有5、6條街道而完全沒有車輛的小鎮，可以隨心所欲地在喧鬧的酒吧中，感受群眾的魅力，或可在幾分鐘之內，徒步找到自己完全寧靜的天空。

　　你可以坐在酒吧的露台或旅館房間的陽台上，以一杯啤酒或咖啡，悠閒地享受被午後陽光輕輕撫摸臉龐的觸感。恣意在半夢半醒之間聆聽鳥兒、蟋蟀、教堂鐘聲和兒童的嬉鬧聲。不經意睜開眼時，所面對的是一道溫暖的陽光和一座座銀白高聳而寂靜的山脈，聳立眼前。相愛的戀人務必動身前往，相信一定可以體會到雪白無瑕的純淨世界，成為彼此心中永恆的印記！

關於旅行

策馬特禁止機動車駛入，如果要開車，需要把車輛開到離策馬特約 5 公里遠的塔什（Taesch），再搭乘每 20 分鐘一班的火車前往鎮上。

記憶永存的頂峰雪景

冰雪萃煉的不變愛情

茵特拉根 & 拉特布魯那
Interlaken & Lauterbrunnen

在此處停留

來到瑞士，除了有難得一見的冰山雪景，山腳下的小鎮也都別具特色，居住在幽靜而樸實的地方，才能體會到瑞士人與世無爭的淡雅心境，新婚夫妻除了可以飽覽瑞士的湖光山色，更可以充分享受兩人世界的浪漫，度過一段只羨鴛鴦不羨仙的假期！

火紅的黃金列車冉冉地行駛，

緊密相連的心，伴隨雀躍的心情，

穿越一望無際的冰雪之境，

攜手共同攀上歐洲之屋脊，

一同感受屬於大自然的壯闊美景。

一覽阿爾卑斯山全景與 歐洲最高車站

　　在瑞士中部地區眾多的度假聖地中，最推薦蜜月來訪的就是以少女峰（Jungfrau）為首的三座山峰，分別為少女峰 4,158 公尺、門希峰（Monch）4,099 公尺及艾格峰（Eiger）3,970 公尺。山腳下的茵特拉根（Interlaken）與拉特布魯那（Lauterbrunnen）則是來此山峰必留的最美城鎮。茵特拉根在德文裡是「在兩座湖水之間」的意思，因為位於西邊的圖恩湖（Thun）與東邊的布里恩茨湖（Brienzersee）之間，以一年四季風景宜人著稱。若要搭車前往少女峰，茵特拉根車站則為起點，從茵特拉根搭乘高山火車至小史迪基，再換齒輪有倒鉤的高山火

少女峰站

前往少女峰途中

現世僅存的
50座愛情城市

車，穿越阿爾卑斯山壁來到海拔 3,454 公尺的少女峰車站，此乃歐洲最高的火車站！

　　在此不僅可以遠眺被列為世界遺產的阿雷奇冰河（Aletsch Glacier），冰河長度近 22 公里，乃歐洲最大的冰河，眺望而去，除了壯觀之外，還讓您不免感嘆大自然的神奇，一旦天氣晴朗，冰河能見度可是相當清楚！在車站裡還附設有郵局，來蜜月的新婚夫妻不妨買張明信片，蓋上有歐洲屋脊的戳記，由全歐洲標高最高的郵局寄出，有一番為愛情留做見證紀念的意義！

　　來到少女峰上，如果願意來段刺激的冒險，可搭上高速電梯，短短 25 秒可以瞬間彈昇 108 公尺而來到 3,571 公尺的斯芬克斯觀景台，從這裡飽覽阿爾卑斯山的壯闊美景，美得令人屏息。不過由於海拔高且位於戶外，溫度多半在攝氏零下 15 度以下，所以一定要事先做好所有的保暖工作，才可以放心享受曠世奇景。

瀑布鎮

　　至於下山時，則需由少女峰車站搭車至小史迪基，建議改至山下另一美麗的小鎮——拉特布魯，它也是另一處搭乘少女峰登山車的起點，位在茵特拉根南方，以春天溶雪的絕美景象聞名。拉特布魯那在德文裡是瀑布之意，因為春天溶雪時刻，會從山崖上落下來近70多道水渠如瀑布般的山壁，讓它又有「瀑布鎮」的美稱，而這裡同樣是著名的滑雪渡假聖地。

　　這裡是瑞士美麗的山城。咖啡色的屋瓦，點綴了一旁時黃時綠的小山坡，彷如人間仙境般的和諧與寧靜。冬天靄靄的白雪，亦讓此地增添另一種風味。來到瑞士參訪時不妨走趟此地，感受這如夢如畫的瑰麗景致。

關於旅行

如欲前往瑞士少女峰附近，非常建議冬天前來，舉目望去都是銀白色的美麗世界，不過需要注意防寒的用具。在交通工具方面，搭乘黃金列車（Golden Pass）是可以一次飽覽瑞士絕美風光的最佳選擇，此由三列火車連線組合而成，分別是列寧觀景列車、藍色列車、水晶觀景列車從盧森湖、茵特拉根、蒙投、魏茲西蒙，一直延伸至有「瑞士蔚藍海岸」之稱的日內瓦湖畔，一路飽覽瑞士的湖光山色。它是世界上首例將火車設計成擁有天窗般窗戶的空調景觀火車，可以觀賞到絕佳景致，相當適合作為旅遊交通的選擇。

夢幻的水中城堡

蒙投 & 西庸古堡
Montreux and Its Chillon

在此處停留

擁有絕佳的景觀與浪漫的風情，不無論城堡、山景以及湖景都美得不可思議，加上經典
的葡萄酒區，更襯托出寧靜以及令人沉醉的氛圍。

靜靜的矗立在水中的城堡，

彷彿一座美麗而夢幻的許願池，

我們在這裡許下相守一世的諾言，

伴隨著舉目所見的美景烙印在心中。

　　蒙投，位於瑞士日內瓦湖畔，自古以來即是世界聞名的礦泉區，曾是許多王公貴族療養、度假之地，許多文人也都很喜歡這裡，像是海明威（Ernest Hemingway）、盧梭（Jean-Jacques Rousseau）、拜倫（George Gordon Byron）都曾以此地為創作背景。

　　西庸古堡位於蒙投境內阿爾卑斯的雪山湖畔，是蒙投最有名的景點，曾在西元 16 世紀時，拘禁參與日內瓦獨立的波尼瓦主教，詩人拜倫（Byron）有感於這段史實而著〈西庸的囚徒〉（The Prisoner de Chillon），使其聲名大噪！

　　西庸古堡地基位於 300 公尺深的日內瓦湖（Lake Leman）底，底部依山勢而建，從外表看來，感覺整座

城堡和山坡合而為一，從城堡外可望見日內瓦湖及阿爾
卑斯山，視野相當優美。古堡一邊依山傍水，美麗非
凡，和綠水淨波相互輝映非常漂亮，是難得一見的美麗
城堡，感覺好似建在水的中央，有一種如夢般的視覺效
果，現在是歐洲 10 大古堡之一。

19 世 紀 法 國 浪 漫 主 義 的 大 仲 馬（Alexandre
Dumas）及雨果（Victor-Marie Hugo）也都曾慕名而來
欣賞這美景。置身西庸古堡內，彷彿走進時空隧道，每
個物件都有種滄桑感。除了美麗的古堡，不少國際美
容中心都設立在此，像是知名的魚子醬保養品牌 La
Prairie，此外，這裡以活細胞注射療法聞名，雖然每一針
高達 20 萬，還是阻擋不了來自各地的愛美人士，尤其備
受好萊塢明星青睞，因此蜜月來此時，順便來趟美容之

旅也是相當不錯的選擇！

　　此外，蒙投是旅館學校及私人寄宿學校的大本營，許多富豪紛紛將孩子送到此處唸書，蒙投彷彿一個名人聯誼會縮影，只要張大眼睛，說不定還可以遇到來自世界各地的名人！

　　至於蒙投附近的葡萄園，也是瑞士的產酒區，蜜月來到這裡，別忘了和情人一起小酌一番，尤其許多葡萄酒小鎮充滿純樸風情，會讓人有遠離塵囂的幸福感受！

關於旅行

從蒙投到西庸古堡有一日往返巴士可以搭乘，此外，參觀古堡需額外支付 8 元的瑞士法郎，可由蒙投的碼頭搭乘 22 號或 36 號遊船前望，約 15 分鐘即可抵達，也可以由洛桑（Lausanne）搭乘火車，或由日內瓦搭船，船程需 5 個小時。

記憶永存的50座愛情城市

童話中的森林湖畔美景

琉森湖 Lake Lucerne

在此處停留

琉森湖靜謐的湖水與白色天鵝，彷彿童話故事般的浪漫景色非常適合蜜月前來，滿是鮮花與木質骨架的古樸建築，令人心生嚮往。

靜謐的湖水，波光瀲灩，

雪白的天鵝成群地悠游其上。

併肩坐在湖邊，細數甜蜜過往，

感受這屬於兩人的寧靜時光。

如詩如畫的夢中森林湖畔

　　位於琉森的琉森湖，周圍圍繞著森林，又有「湖畔巴黎」之稱，琉森湖更是蜜月必訪之夢幻聖地。以綺麗的風光和音樂聞名，像是作曲家華格納（Wilhelm Wagner）在琉森湖畔的戀情與他完成的三首圓舞曲，貝多芬（Ludwig van Beethoven）微醺的〈月光奏鳴曲〉（Mondscheinsonate）等，在在讓琉森湖多了一份濃厚的藝文氣息。

　　而琉森，又稱為「燈光閃爍之城」與「橋都」，在
金氏旅遊最受歡迎的城市排行榜中位居第五，其美麗景
致可見一斑。舉目所見均是木質骨架的房屋，周圍點綴
著鮮花，沿湖畔依山而建，是一個保留著中世紀樣貌的
幽靜美麗的城市，在老城區裡有很多古老房屋內還留有
壁畫，相當值得前來一訪古老城市的懷舊氛圍。

洋溢懷舊風情的
木質古橋與湖水瀲灩

　　「橋都」又是琉森於中古世紀的稱號，不能錯過得

就是到處可見的版畫木橋，其中卡貝爾橋（Kapelbucke）更是具有其歷史意義，建於西元 1333 年，又稱禮拜橋或教堂橋，全長 200 公尺的木造古橋上，中間有一座八角形的石造塔樓高度 34 公尺，懸掛著 110 幅琉森歷史的三角木版畫。不遠處還有一座木造的穀樑橋全長 80 公尺，同樣都是中古世紀遺留下來的木造橋，和情人們悠閒得牽手漫步其上，細細品味古老歷史版畫的懷舊氛圍，共享只屬於兩人的時光。

來到琉森湖感受靜謐的湖水與湖面上三三兩兩的白天鵝，彷彿童話故事般的浪漫場景，不論日夜都有其令人動容之處。一直到睡前閉上眼睛，彷彿都還會出現琉森湖那湖水瀲灩的美景。在琉森，不管你穿梭在古城巷道，登上琉森最高的 9 座烽火塔，或進到商店細細品味瑞士的各種名品，甚至來到美麗的琉森湖上，搭乘遊輪感受動人的湖光山色，都是一種很棒的感受。

度蜜月的新人們來到琉森湖，可以發現還有一個當地有趣的傳聞。就是老婆可以買牛鈴掛在老公的脖子上，而且越大越好，因為不管老公去哪裡，隨時都會傳出清脆悅耳的牛鈴聲，那麼老公就都再也逃不出老婆的掌握，是不是相當實用呢！

關於旅行

前往琉森湖，可從蘇黎世（Zurich）租車前往，車程約兩個小時。或是到附近幾個知名的城市搭火車均可到達。雖然外國人都喜歡琉森湖的夏天，因為一片翠綠的景象，在美洲或是歐洲都是難得一見的美景，但是對亞洲人來說，春秋與冬季更適合來此，春秋天氣宜人，冬季則可以看到被白雪覆蓋的絕美景象。特別需要注意的是因為瑞士是中立國，因此退稅需要在離境前完成。

245

{ 希臘
GREECE }

| 愛琴海諸島

語　言｜希臘語
氣　候｜希臘屬地中海型氣候。此氣候最大特徵為夏乾冬雨，因此除冬
　　　　季外，幾乎不會下雨。全境日照充足，要小心防曬，各地區每
　　　　年平均日照超過 2,000 小時。
貨　幣｜歐元（EUR）
簽　證｜免簽
時　區｜台灣時刻－7（3～9月－6）
電　力｜230V，50Hz，雙圓頭型插頭及插座
國 際 區 碼｜30

湛藍與純白
愛琴海諸島
Aegean Sea & Its Islands

在此處停留

來到愛琴海諸島，不僅可以看到海天一色的絕美景色，
豔陽、藍天、碧海、白屋加上熱情的人們、慵懶的旅人、
尋找浪漫的戀人構成一幅絕美的場景，在這裡可以恣意
地享受歡愉的戀情！

沉靜的藍色與優雅的白色交織出絕美景致，

慵懶的旅人、微涼的海風、熱情相擁的戀人，

將愛琴海點綴得更加迷人耀眼，

縱情歡笑、恣意嬉遊，享受只屬於愛情的美好。

湛藍與純白／絕世獨立的美感

　　所謂希臘的愛琴海，顧名思義也就是指環繞愛琴海周圍的小島，而希臘愛琴海的 4S，分別就是 SUN（陽光）、SEA（海洋）、SAND（沙）與 SEX（性愛），所以一直以來都被視為浪漫的象徵，與愛情劃上了等號。

　　愛琴海的小島，都有一個特色，那就是一望無際的湛藍海洋以及白色的建築，除非親眼所見，否則很難以文字或是照片來形容它的美。

縱情享受蜜月假期／共飲愛情釀的酒

　　愛琴海海岸沿線島嶼眾多，共約有 2,500 多個島嶼，沿岸多曲折、港灣亦多。其中島嶼分為 7 個部份：

色雷斯海群島、東愛琴群島、北部的斯波拉提群島、基
克拉澤斯群島、薩羅尼克群島、多德卡尼斯群島和克里
特島。愛琴海很多島嶼或島鏈，一路延伸到歐陸地上的
山脈。

　　在眾多愛琴海諸島中，有 3 座島較為聞名，第一個
有名的島是米克洛斯島（Mykonos），它又被譽為「愛情
海上的白寶石」，大家常在明信片中看到藍天白牆搭配
5 個風車的著名景點即是此處。這裡號稱是人間享樂的
天堂，在白天可以盡情享受陽光、沙灘與海洋的美好，晚
上則是夜店、PUB 燈火閃耀，好不熱鬧。同時，這裡也
是有名的天體海灘，在這裡可以看到很多的上空女郎，有
非常多前來裸體朝聖的遊客。

　　第二個有名的島是聖托里尼島（Santorini），最大

記憶永存的50座愛情城市

的特色就是沙灘、古蹟、火山以及特殊的白色山城。沿著懸崖建築的白色房子，從海灘往上看時，白色的小屋連在一起，形成一片白色奇景，彷彿就像是山頂的積雪一樣美麗，尤其是從巷弄裡往外望，會覺得像是個騰空的城市般神奇，所以又被稱為「遺落在愛琴海裡的珍珠」，同時也因為火山地形的關係，使得這裡的葡萄酒特別的香醇可口。

第三個是愛琴海的最大島克里特島（Crete），它擁有最古老的文明以及豐富的觀光資源，在威尼斯港附近保留了相當多的威尼斯式建築，近來已經被改餐廳和民宿。來愛琴海的小島，建議可以和戀人一起騎騾子，也別有一番特別的風情！

米克洛斯島、聖托里尼島、克里特島，獨具風格而令人嚮往，更是演繹著歷久以來希臘神話的故事，諸如戰爭、愛情、嫉妒、復仇等情節。海水湧來，拍打著諸島的沿岸，像是提醒大家希臘的悠久歷史與文化。來到希臘，不妨感受愛琴海所帶來的浪漫情懷以及古樸幽情。

關於旅行

來到愛琴海最好的季節是 4～10 月，夏季時高溫炎熱，一定要攜帶防曬油和太陽眼鏡，同時想要在諸島間往來可以在搭乘 Athinios 港口小船，或是在聖托里尼機場亦有航班往來雅典、羅德島、米克諾斯島與克里特島，冬天絕對不要前往，因為陽光稀少加上海風強勁，無法感受這裡的浪漫。

{土耳其}
{TURKEY}

| 卡帕多奇亞 · 凱可發 · 大涼 · 帕穆卡麗 · 伊斯坦堡 |

語	言	土耳其語
氣	候	氣候介於地中海型和溫帶大陸型之間，夏季乾燥，冬季下雨，全年平均溫約攝氏 20 度，早晚溫差大。
貨	幣	新土耳其里拉（TRY）
簽	證	需簽證
時	區	台灣時刻－6（5～10 月－5）
電	力	230V，50Hz，雙圓頭型插頭及插座
國際區碼		90

與情人的月球探險記

卡帕多奇亞
Cappadocia

在此處停留

這裡曾被美國《國家地理》雜誌社評選為十大地球美景之一與世界十大非著名奇蹟，這麼美麗的風景，一定要在蜜月時跟親愛的另一半一同前往，感受最愜意的景致。

彷彿月球表面般的天然奇景，
訴說著無法想像的歷史，
我們乘著熱氣球緩緩升空，
就像登入月球般的飄渺如夢。

彷彿月球表面般的大自然奇蹟

　　卡帕多奇亞，距離首都安卡拉（Ankara）約 260 公里，原為「美麗的馬鄉」之意，據說從以前開始，這地區的馬匹就是君王指定的進貢品，而現在人對它的了解，多半來自於熱氣球活動。

　　相傳數百萬年前，因為東西面兩座火山爆發，火山灰泥涵蓋了卡帕多奇亞一帶，這次的噴發在這個地區堆積了幾百公尺，甚至上千米的落塵、泥灰與火山熔岩。

而幾百萬年來的雨水風霜，沖走了較軟的泥灰，留下了較硬的火山熔岩以及狀似水泥的火山灰泥，最後在風沙的雕刻下，形成現在所看到的山谷與潔白的石頭波浪群。西元 1985 年被選入聯合國教科文組織所列的自然、人文雙重世界遺產，並曾被美國《國家地理》雜誌（National Geographic）雜誌社評選為十大地球美景之一，以及世界十大非著名奇蹟。

因為火山岩的高度、形狀與大小不一，所以在此形成了奇特的景觀，亦即洞穴生活。這裡的居民都住在洞穴裡，也有洞穴屋後來改成了旅館、民宿，前來此處度蜜月，不妨入住洞穴旅館，感覺一定特別又浪漫。此外，可以體驗一下世界上最奇妙的穴居生活，感受當初基督徒們為了躲避塞爾柱土耳其人的迫害而發展出的

「精靈世界」般的另類生活。

鴿子洞也是卡帕多奇亞的一個特殊景觀，居民在岩石上鑿洞，引誘鴿子飛進去，然後收集鴿子的糞便當作肥料。

卡帕多奇亞的另一個特色是熱氣球，乘坐熱氣球，由空中俯瞰大自然的奇蹟，是一種相當特別的感受。尤其一大清早時，七、八十個熱氣球一起飛上空中，從黑夜到黎明，晨光乍現，真的會讓你對大自然的奧秘發出讚嘆。隨氣球在天空時高時低，一下降落貼在峽谷隨地平飛，一下子拉升至最高空俯瞰峽谷的壯麗，那又是一種讓你無法言喻的感動。

如果要感受地球最神奇的美景及千百年來的人類奇蹟，想將自然界精雕細刻、巧奪天工之美，盡收你的眼簾，不妨搭上熱氣球，就可以體會萊特兄弟（Wright brothers）對人類的偉大貢獻，感受到大自然界的壯觀與神奇、精靈界的詭譎與奧秘。

關於旅行

如果跟旅行團來搭乘熱氣球，要價在 220 ～ 250 美金之間，如果是自由行的人，可以到街上去詢價，幾乎都可以有一個你意想不到的好價錢喔！由於每天都有 70 ～ 80 幾個熱氣球在飛行，不用擔心客滿的問題。卡帕多奇亞地區有兩個機場，分別是位於內夫謝希爾北方 21 公里的卡帕多奇亞內夫謝希爾機場（Nevehir Kapadokya Havaalanı）；以及開賽利市區北方的開塞班利機場（Kayseri Havaalanı），距火車站 3 公里，距城際巴士站 7 公里。

擁抱千年夢幻
凱可發 Kekova

在此處停留

這裡除了可以感受海灣中的湛藍美景之外，沉睡在海底的古城希美娜，好像就在水下伸手可觸的感覺，充滿了探索而神祕的驚奇。蜜月來此，彷彿來到遠離塵世的人間仙境，過著只羨鴛鴦不羨仙的生活。

湛藍的海，靛藍的天，

彷彿會隨波搖曳的千年古城，

與戀人一同走進時光隧道中，

感受這彷彿時光暫停的神奇美景。

消失在時間裡的海天一色

　　凱可發（Kekova），是一個被石灰岩丘陵環繞的小
海灣旁的村鎮，本來這裡有 4 個小村莊，活躍於利西亞
人、希臘人和腓尼基人文明的村落。在西元 2 世紀時，因
為地震造成地層下陷之故，其中三個村落沉沒海中，而
獨留下島上的希美娜古城（Simena），一座矗立在湖中
孤島上的斷垣殘壁。

　　如果想找尋彷彿消失如亞特蘭堤斯（A'tlantis）般的
古城，那麼只能將搭船遊灣列為不二之選。由於海水清
澈見底，所以可以依稀看到沉在海底的古城，現在被列
為保護區，不能進行任何水中活動（包含浮潛、游泳）。
但如果搭乘當地遊船遊覽，倒是破例被允許在兩個特定
地方，小小戲水一番，這是難得的享受，讓人永生難
忘，尤其是在陽光下閃爍之時的海中浮潛，更具有迷人

記憶永存的50座愛情城市

的魅力！這個充滿歷史的海灣，彷彿連結了古老的時光通道，增添了神秘的氣息，而凱可發充滿了土耳其傳統風貌，形成一種特殊的風格。

在湛藍的海上享受豐美的海宴

這裡的船家可以幫遊客準備海宴，讓你在小舟裡一邊享受美食，一邊觀賞絕美的風景。搭船駛到這一海域，以緩緩前進的方式，讓大家可以仔細看看海底古城，時間彷彿靜止。海底下的建築物依稀可看見尚未沉沒前的輪廓，湛藍的地中海底下，潛藏著遠古的祕密。

這片海域，猶如果凍般一片一片地隨波漂動，難道因為映照海底的石頭建築？還是陽光折射的緣故，讓詭異的氛圍環繞在整座寂靜沉睡千年的古城，時空好像停止了，美到讓人心醉。

關於旅行

最適合凱可發的旅遊季節是 4 ～ 10 月，春天氣候涼爽舒適，夏天可以享受海水的清涼，相當不錯！搭船遊覽是最棒的遊玩方式：在上午 10：45 從搭船港口出發，其中途會在一個海灣的停留游泳。來到沉入海灣古蹟的地域，讓遊客從船上向水中探索。船上提供簡單自助飲料餐食一應俱全，接著再登上因地震而沉沒的希美納古城遊覽，可看見殘存的門廊和階梯。

如梁山泊般的世外桃源

大涼 Dalyan

在此處停留

這裡有難得一見的懸棺景象與蘆葦蕩，彷彿來到歐洲電影中的浪漫場景。陽光彷彿是灑在水面上般，而蘆葦蕩形成一條長長的金色防線，好像一條金龍貼著水面般的盤旋飛行，剎那間無法言語這種美麗。大自然的美，只有那段時刻的你才能夠明瞭吧！

清晨的陽光輕柔地照耀在水邊的蘆葦，

映照著無限美好的湖邊春色，

微風輕拂時，蘆葦也跟著輕輕漫舞，

舞出只屬於你我的悠然愛戀。

壯闊的懸棺與
蘆葦蕩交織出絕世美景

　　位於地中海土耳其西邊的大涼，又譯為德陽、達利安，屬於綠松石海岸的一部分，以漂亮的海，與地中海海岸線而聞名。Dalyan 的土耳其語是「魚獲」之意，因為位於鹹水根淡水交界處，所以魚獲相當豐富，尤其還有非常多的赤蠵龜及螃蟹。

　　在大涼可以看到最特殊的景色非「懸棺」與「蘆葦蕩」莫屬了，所謂的懸棺是指以前達官貴人的棺木，埋葬在這裡的山壁裡，由下往上看的話像極了懸浮在空中的感覺，所以又稱為懸棺。而這裡的蘆葦蕩高達 3～5 公尺，搭著一艘小船穿越猶如迷宮般的蘆葦蕩有一種仿若仙境的迷濛美感，每每到了無路絕境處又絕處逢生，水道蘆葦縫中又會出現河道，像迷宮般的迷離，隨手可以輕撫的蘆葦，讓你彷彿來到歐洲電影中的浪漫場景。

蘆葦濕　　　　補蟹船家

沙灘　　　　懸棺

　　三不五時，蘆葦叢中偶然還會划出一艘船家，販賣
著剛從沼澤中撈起的新鮮蟹籠，而叫賣著紅蟳的捕蟹船
家，當場水煮可以讓你大塊朵頤。接下來會來到湖灣中
的一座島嶼，讓你來島上游泳、踏浪、戲水、尋夢，真
的很有不同的浪漫情懷！大涼還有一個著名的特色，就
是在這裡的沙灘可以看到瀕臨絕種的赤蠵龜，在此還有
機會看到赤蠵龜在沙灘產卵，幸運的話，還可以跟赤蠵
龜下海競賽，倘佯在海中與赤蠵龜共舞，感受大自然的
奧妙，當然，具有美容效果的天然泥漿泉也是不容錯過！

　　在清晨的時候出遊，寂靜的河上，只有船滑過水波
的聲音，在睡夢中被驚動的水鳥振翅而飛，畫面真的美

得非一般言語可以形容。由小船上仰望山壁，被夕陽映照得一片火紅的懸棺景象也別有一番風味。

　　大涼，一個靠近愛琴海的美麗小鎮，在這裡建議大家不妨找個靠海的飯店投宿，打開窗戶，就能看到絕美的景致，特別是大涼的清晨，寧靜清幽，彷彿萬物俱寂的感覺，蜜月來到這裡，兩人共享遠離塵囂後難得的寧靜，是人間一樁美事。

關於旅行

大涼目前被列為保護區，每年 4 ～ 10 月有飛機直飛大涼機場，亦有巴士或可租車前往。

擁抱棉花般的絕世美景
帕穆卡麗 Pamukkale

在此處停留

雪白的棉花堡景象是難得一見的壯闊美景，加上這裡的溫泉有美容功效，和情人來這裡泡泡腳，悠閒地喝杯咖啡、品嚐土耳其冰淇淋也是人生一大美事。在這裡拍攝蜜月照片的話，雪白的棉花堡看起來像白雪一般，也相當富有情調。

如雪花，如棉絮般的城堡，

與戀人身處其中彷彿來到雪之國境，

飄飄然，飄飄然，

擁抱屬兩人的甜蜜約定。

　　帕穆卡麗位於土耳其西南的丹尼茲利省（Denizli）北方 19 公里處，因為地貌像鋪了一層軟綿花的雪白城堡，所以又名「棉堡」。棉堡高 160 公尺，長 2,700 公尺，因為當地湧出的溫泉富含鈣質，泉水冷卻後鈣質沈澱累積，最後雪白鈣質堆疊形成當今的奇特景象，像積雪又像極富彈性的棉花，所以也有人稱之為「雪花堡」，在棉堡裡還可以觀賞到石灰岩溶洞以及雪白色梯田，相當美麗。

　　帕穆卡麗以溫泉聞名，共有 17 座溫泉，泉水的溫度在 35 ～ 100 度，含有鈣質及礦物質的溫泉對身體有良好助益，據聞埃及豔后和安東尼也曾經在此享受溫泉，因而造訪此處的觀光客非常多。其中最有名的是赫拉波里斯溫泉（Hierapolis），24 小時開放參觀，門票約 20 里拉。以前是聖池，現在有部分區域開放泡腳，最特別的是池邊就有咖啡廳，泡完腳後，可以喝一杯香濃的咖啡、來一客香醇的冰淇淋，享受難得的假期。而在赫拉波里斯

溫泉一旁的古羅馬劇場遺跡，也相當值得一看，當時可以容納約 12,000 人，其規模之壯闊可見一斑。

　　來到這裡千萬別忘了參觀棉花堡上面的赫拉波里斯古城，它是古羅馬時期的神廟，棉堡和赫拉波里斯古城於西元 1988 年共同被列為世界遺產。不過近來因為疏於維護，雪白色的棉堡正慢慢變成褐色，還好土耳其政府現在已經積極投入維護工程，盡力挽救難得的自然奇景。

棉堡一景

　　來到此處旅行，棉堡附近的高級飯店在觀光旺季經常客滿，所幸是溫泉區房的小村莊擁有很多民宿，而且設備相當完善，多數為了競爭，甚至有提供專車送到棉花堡的服務，想要前往一探奇景的旅客，不但交通便利，更可以藉此投宿機會體驗當地人的日常生活感受，成為一種全新的回憶。

關於旅行

從伊斯坦堡到帕穆卡麗目前並沒有直達車，只能先搭巴士到最近的丹尼茲利（Denizli），車程約 12 小時，花費約新台幣 2,100 元，再轉共乘的小巴士到棉堡，車程約 30 分鐘，約新台幣 45 元，由於所需車程較長，建議早點出發或是前一晚即來隔壁的小村落投宿。帕穆卡麗氣候一年四季都很溫和，不過如果想泡溫泉的人最好在春季來，因為春季水量最大，冬季則最少。

共譜橫跨兩個洲的愛戀

伊斯坦堡 Istanbul

在此處停留

伊斯坦堡的建築融合了多元的文化，相當具有特色，新人蜜月
來此，隨時隨地都能留下非常美麗的回憶，或是和情人搭遊船
觀賞跨海大橋的美景，感受橫跨兩個洲的特別氛圍。

湛藍的海洋，極其奢華的尖塔式建築，

不論日與夜，都美得動人的伊斯坦堡，

搭乘遊船恣意享受美景、美食，

沉醉在這浪漫的國度裡。

　　伊斯坦堡，在歷史上曾經被稱為拜占庭和君士坦丁堡，人口超過 1,300 萬人，是土耳其境內最大的城市，也是土耳其的政治、經濟、文化的中心。伊斯坦堡座落在博斯普魯斯海（Bosporus）峽的歐亞大陸上，是世界上唯一橫跨兩大洲的城市，曾經當選世界三大美麗城市，評選標準包含日景、夜景、歷史文化以及人民的親和度等等，這裡景致的美麗可見一斑。

哈吉索菲亞大教堂／ 土耳其最壯觀的教堂

　　伊斯坦堡曾經是拜占庭帝國的首都，所以這裡的建築充滿了歷史文化的光輝，尤其是哈吉索菲亞大教堂（Holy Wisdom），是一所拜占庭式建築的教堂，於西元 532 年開始建築，西元 537 年完成。後來加上四支鄂圖曼式的尖塔後形成一個特殊的建築，這裡相當寬

闊，到處都是圓柱、畫廊、以及閃閃發光的馬賽克鑲嵌。牆壁上的天使與其他拜占庭的雕像也相當的迷人，現今則改作為博物館使用，它是土耳其最壯觀的教堂之一。此外，還有號稱「藍色清真寺」的蘇丹艾哈邁德清真寺（Sultanahmet Camii），巍峨華麗的宮殿建築令人目不暇給，不過需要注意的是入清真寺必須脫鞋，由寺方提供襪子，參拜完畢後須歸還。

　　來到伊斯坦堡，有 3 種景致是一定要看的，分別是建築、海景以及市集，而卡巴利卡西巴札市集（Kapali Carsi Bazaar）是來到此處必逛的市集，超過 500 年的歷史，裡面有超過 4,000 家的店舖，販售著土耳其工藝品，像是地毯、手工繪製成而成的陶瓷、避邪之用的惡

藍色清真寺

藍色清真寺內部

記錄永恆的秘密愛情城市

市集夜景

魔之眼、絲巾、黃金珠寶、煙斗以及皮革製品等等。這裡的商人都擅於做生意，一旦被纏上便不太容易脫身，需要小心的是在這裡買古董，真假都有，千萬要謹慎。一旦買到珍寶，如果沒有買賣許可證就攜帶出境，很可能招來牢獄之災。

　　橫跨歐亞大陸的博斯普魯斯跨海大橋（Bosporus Bridge），則是絕對不能錯過的美景，那橫跨在一望無際大海中的橋，不僅令人讚嘆，更會讓你有股一腳踏兩洲的壯志情懷，那種感覺自古以來也只有將帥帝王才能感受得到吧！如果想看跨海大橋，建議可以搭乘遊船，船程約 2 小時。如果想要觀賞伊斯坦堡全景，可以嘗試登上希拉達塔（La Giralda），俯瞰全伊斯坦堡最美的視野，金角灣（Golden Horn）、博斯普魯斯海峽的風光畫

博斯普魯斯跨海大橋

收眼底，夜間來此觀賞也別有一番風味。在美食部分，特別推薦這裡的魚貨，都是從博斯普魯斯海峽一捕獲就立即送達每個餐廳，味道非常鮮美，鮮嫩多汁的炸魚或土耳其風味的烤鮮魚是一定要品嚐的。

　　在伊斯坦堡，隨時隨地都能感受到各種不同風格的景致，戀人們造訪此處，可以一起享受到最多元化的當地生活樣貌，在這樣一個多族群、多宗教、多文化相互融合的城市裡，所能體會到的人文風情，不僅具涵多樣性與包容性，更是一個的兼容並蓄的城市，值得深入造訪。

關於旅行

來到伊斯坦堡最好的季節是夏天與冬天，夏天能欣賞到海天一色的美景，冬天則有西南歐難得一見的雪景，唯一需要注意的是進入教堂需要圍紗布，而且女性不宜穿著露出肩膀與大腿的服裝入內。

在海面上感受伊斯坦堡千變萬化的姿態

荷蘭
NETHERLANDS

沃倫丹

語	言	荷蘭語、法語
氣	候	盛行來自亞速爾高壓的西南風,屬溫帶海洋性氣候,冬暖夏涼。
貨	幣	歐元(EUR)
簽	證	免簽
時	區	台灣時刻－7(3～9月－6)
電	力	230V,50Hz,雙圓頭型插頭及插座
國 際 區 碼		31

體驗北海漁村的古樸風情

沃倫丹 Volendam

在此處停留

沃倫丹可以說是兼具北歐情懷與荷蘭特色的一個小漁村，來這裡不僅可以享受與世無爭的悠閒渡假情懷，也可以看到海面高於陸地的情景，絕對是值得和情人一同前來的美麗城市。

陽光細灑在紅磚瓦小屋上，

滿山遍野的鬱金香迎風搖曳，

迎面而來的微風中，躍動著大海的氣息，

也讓你我的心跟著一起怦然心動。

　　地屬低窪的荷蘭，很多地區都低於海平面，因此荷蘭人與海爭地人定勝天的情操，尤其受到世人的推崇，而來到荷蘭，絕對不能錯過的就是這個最美的鄉鎮 —— 沃倫丹。在艾塞湖（Ijsselmeer）畔的北海大堤壩興建完成後，環繞湖畔的漁村風情更加吸引人，原始的漁村風貌深深擄獲大家的心，在這裡可以感受到一種寧靜的氛圍，彷彿是一個與世隔絕的城鎮。來到沃倫丹，滿是紅磚瓦的小屋充滿古樸的氣息，白色的小木橋倒映在水上更顯得雅致，感受屬於荷蘭漁村的田園風光。

　　沃倫丹與荷蘭建築的一大特色，就是窗戶非常大而
門非常小，據說過去荷蘭課稅是依門的大小來衡量，所
以聰明的荷蘭人就把門做得很小，然後窗戶做得很大。
仔細看的話，還會發現窗戶上都會有大大的掛鉤，用來
吊掛攀爬至二樓，此外，每一家的窗戶都擺設了許多漂
亮花飾，潔淨美觀是最大特色，甚至有些在自家的小庭
園中，擺上一只搖椅或茶桌椅，看了讓人恨不得想馬上
入席而座，貪圖這一刻的悠閒。

　　沃倫丹是一個適合度蜜月的選項，因為這裡是熱門
的婚紗外景地，不僅照相館非常多，路邊也有一整排都
是在販賣紀念品的攤販與店家，價格比起在阿姆斯特丹
（Amsterdam）便宜許多，像是木屐或是風車、手工藝
品等等，都是不錯的選擇！除了可以買到各式各樣的紀
念品之外，也可以租借沃倫丹傳統的服裝以拍照留念。
因為居住在這裡的都是日耳曼民族，所以人們也相當熱

情,如果遇到穿著傳統服飾的居民,可以跟他們合照,一
般來說他們都是相當親切且不會拒絕的。

　　沃倫丹的主食是起司、乳酪、魚,尤其魚料理相當
多變化,像是烤魚、炸魚以及醃製的魚等等,不過最推
薦的還是「炸鯡魚」,不僅滋味鮮甜,最重要的是完全
不油膩,保證讓你回味無窮!

　　特別值得一提的是,此處的餐廳幾乎都擁有面海的
景觀,不妨卸下行程時間的壓力,和情人一起坐在戶外
的位置,一邊吃著鮮美的鯡魚,一面欣賞海水美麗的景
致,絕對會成為屬於彼此一個充滿異國風味與悠閒情懷
的永恆記憶!

關於旅行

前往沃倫丹最佳的時節是春天和秋天,冬天由於多冷風,所以並不建議,尤其每年 4 ～ 5 月間,
開滿了鬱金香的花景與艾塞湖的海景,更是令人難以忘懷。前往沃倫丹可以在阿姆斯特丹中央
火車站前的公車總站搭乘「ARRIVA 客運」,110 號、112 號、113 號、116 號公車到 Volendam
Zeestraat 站下車,車程約 40 分鐘。每年 4 月～ 9 月之間,也有 MARKEN EXPRESS 渡船航行往
來沃倫丹與馬肯 2 個城鎮之間,讓你可以飽覽沃倫丹美景。

憧往最甜蜜的旅程～
盡在行健旅遊

陽光西班牙10天

奧地利.捷克10天

大城小鎮法國雙宮10天

德國.瑞士山水風情10天

義大利.卡布里島11天

非新婚？行健旅遊瞭解您的心意
二度蜜月.結婚週年紀念...只要您是夫妻同行.我們都歡迎！

總公司：台北市南京東路三段262號6樓

台 南 (06)2145767
高 雄 (07)3302003

Love

WEDDING.NET

My Dreamy Wedding

愛情新樂曲

被爸爸牽著手出來的新娘，穿著簡單又絕美的婚紗，白色的玫瑰花瓣四處飛揚，
坐在左前方的媽媽眼中，有著感動的快樂眼淚，現場的Live Band演奏著那首初吻
時的歌曲，一段愛悄才正準備開始⋯

婚禮顧問-婚禮夢想的實現者

許多人一開始對於婚顧的聯想多半是有錢人結婚才會找婚禮顧問，事實上每個忙碌的現代人在打算結婚時「找婚禮顧問」都是必須的…因為從決定結婚的那一瞬間起，其實接踵而來的不是甜蜜和浪漫，而是大大小小的瑣碎事情，過程中如果有位專業婚禮顧問站在第三立場的角色，為新人做整體性的婚禮規劃、擔任新人兩方的溝通橋梁、成為新人在婚禮事宜上的單一處理窗口，為新人在婚禮的大事上分憂解勞，相信每位新人一定能享受婚禮過程的幸福甜美感受。

專業團隊 創造幸福氛圍

璟藟珝有堅強的婚禮顧問陣容，對於時間管理、婚禮預算都能準確的把關。當然婚禮的舉行，其實不管怎麼時髦，中國人還是對傳統習俗十分尊重，婚禮的傳統禮數、八字擇日，璟藟珝對於禮俗也有相當的用心；包括婚事用品的採購、喜帖的設計、婚戒的設計、新娘秘書的安排，細心的替新人規劃和訂做。

璟藟珝營運執行總監 李俊竹(Jerry Lee)在業界已有近十年的服務經驗，現為資深婚禮顧問、主持人，同時也在大學院校擔任婚顧培育課程講師多年。秉持著打造及實現每對新人心目中的完美婚禮，帶領著璟藟珝團隊一同為婚禮幸福產業而努力。

專屬規劃滿足夢想實現

主題式婚禮佈置，發揮專業的創意，也發揮新人們的創意，可以是科技感的婚禮、中國風的婚禮、浪漫的歐式婚禮…，創造出新人們自己的獨特風格，會場中愛的故事的MV，播放出新人相識、相愛的過程，讓在場的所有親友也感覺這深刻的愛情。

更特別的是，璟藟珝對於婚禮結束後的派對甚至於蜜月旅行，和婚前的告別單身派對，也用心參與其中，在結束單身的前夕，讓準新郎、準新娘好好放肆的給自己一個里程性的狂歡。當所有的禮節、迎娶、婚宴、敬酒…都結束的時候，和心愛的他，一起看著婚禮側錄畫面，牽著手，走向一個更美好的生活。

服務項目

主題婚禮規劃,婚宴活動企劃,結婚商品採購,專業新娘秘書婚禮平面攝影,婚禮動態錄影,會場花藝設計,婚禮專業司儀,專業樂團演奏,婚禮MV製作,生日派對設計,浪漫求婚規劃告別單身派對,創意派對,設計公關活動規劃。

回饋讀者

憑此書消費者，購買璟藟珝整體專案型服務皆可享有95折優惠折扣。
(註:每對新人隨書僅有一次優惠折扣，周邊商品不在此折扣範圍)

公司資訊(TAIPEI)

璟藟珝婚禮・活動企劃有限公司
服務專線: 0939-517-471
jerry@lovewedding.net
FB粉絲團
www.facebook.com/L.W.consultant
www.lovewedding.net
www.婚禮顧問.tw

YAHOO! 奇摩 安貝思德 搜尋

給自己一個感受，圓自
己的一個夢，或許，這
就是內心中旅遊的真正
定義吧！

K 凱特文化 讀者回函

敬愛的讀者您好：

感謝您購買此本書，請填妥此卡寄回凱特文化出版社，即可參加獨家珍貴好禮抽獎活動！

頭獎 ［琭蘭珥］ 市價五萬元婚禮主持專案（婚禮企畫＋場控＋中文主持）／免費提供1名
貳獎 ［行健旅遊］ 歐洲蜜月旅行參團紅包旅費扣抵四萬元／1名
參獎 ［行健旅遊］ 歐洲蜜月旅行參團紅包旅費扣抵二萬元／1名
肆獎 專業國際導遊費國賓KEVIN為你量身訂做旅遊行程／免費提供1名
伍獎 ［安貝思德］ 市價5990之29吋旅行箱／2名

■ 活動截止時間：2012年3月31日，以郵戳時間為憑，並於4月中公布得獎名單，得獎名單及使用兌換規則請上凱特文
化部落格和行健旅遊網站查詢，主辦單位保留變更活動之權利

您所購買的書名：**歐洲蜜月行旅：記憶永存的50座愛情城市**

姓名：＿＿＿＿＿＿＿＿＿＿＿＿性別：□男□女

婚姻狀況：□已婚 □未婚，預計何時結婚：＿＿＿＿＿＿＿＿＿＿＿＿＿＿＿＿

出生日期：＿＿＿年＿月＿日 年齡：＿＿＿＿＿電話：＿＿＿＿＿＿＿＿＿

地址：＿＿＿＿＿＿＿＿＿＿＿＿＿＿＿＿＿＿＿＿＿＿＿＿＿＿＿＿＿＿＿

E-mail：＿＿＿＿＿＿＿＿＿＿＿＿＿＿ Facebook：＿＿＿＿＿＿＿＿＿＿

＿＿＿ 學歷：1.高中及高中以下 2.專科與大學 3.研究所以上

＿＿＿ 職業：1.學生 2.軍警公教 3.商 4.服務業 5.資訊業 6.傳播業 7.自由業 8.其他

＿＿＿ 您從何處獲知本書：1.逛書店 2.報紙廣告 3.電視廣告 4.雜誌廣告 5.新聞報導
6.親友介紹 7.公車廣告 8.廣播節目 9.書訊 10.廣告回函 11.其他

＿＿＿ 您從何處購買本書：1.金石堂 2.誠品 3.博客來 4.其他

＿＿＿ 閱讀興趣：1.財經企管 2.心理勵志 3.教育學習 4.社會人文 5.自然科學 6.文學
7.音樂藝術 8.傳記 9.養身保健 10.學術評論 11.文化研究 12.小說 13.漫畫

您最嚮往去哪裡度蜜月：□法國 □西班牙 □捷克 □義大利 □德國 □瑞士 □其它：＿＿＿＿＿

若非度蜜月，您最希望去歐洲哪一國旅遊：＿＿＿＿＿＿＿＿＿＿＿＿＿＿＿＿＿＿＿

請寫下你對本書的建議：＿＿＿＿＿＿＿＿＿＿＿＿＿＿＿＿＿＿＿＿＿＿＿＿＿

＿＿＿＿＿＿＿＿＿＿＿＿＿＿＿＿＿＿＿＿＿＿＿＿＿＿＿＿＿＿＿＿＿＿＿＿

＿＿＿＿＿＿＿＿＿＿＿＿＿＿＿＿＿＿＿＿＿＿＿＿＿＿＿＿＿＿＿＿＿＿＿＿

＿＿＿＿＿＿＿＿＿＿＿＿＿＿＿＿＿＿＿＿＿＿＿＿＿＿＿＿＿＿＿＿＿＿＿＿

＿＿＿＿＿＿＿＿＿＿＿＿＿＿＿＿＿＿＿＿＿＿＿＿＿＿＿＿＿＿＿＿＿＿＿＿

廣　告　回　信
板橋郵局登記証
板橋廣字第８３６號
免　貼　郵　票

新北市236土城區明德路二段149號2樓

凱特文化　收

United
Kingdom Netherlands
Germany
Czech
France Austria
姓名： Switzerland
地址：
電話： Italy
Monaco
Portugal Spain Greece
Turkey

國家圖書館出版品預行編目資料：歐洲蜜月行旅：記憶永存的 50 座城市／
費國賓 KEVIN FEI 著 一初版 一新北市：凱特文化創意, 2011.12 　面；公分
（愛旅行；53）ISBN 978-986-6175-53-4 　1. 遊記 2. 歐洲　740.9　100024939

HONEYMOON
IN EUROPE